JAKOBSPILGERN im MASSENTOURISMUS

*Künstlerisches Erlebnisbuch
über 2000 km Jakobsweg*

Brigitte Halewitsch

Impressum

Brigitte Halewitsch

Jakobspilgern im Massentourismus

Künstlerisches Erlebnisbuch über 2000 km Jakobsweg

ISBN 978-3-7481-0016-4

Herstellung und Verlag:

BoD - Books on Demand, Norderstedt

S. 228

Coverbild:

Foto „*Pilgerdenkmal*" Brigitte Halewitsch

Aquarelle und Zeichnungen Brigitte Halewitsch

Für meine Tochter

INHALT

Die Autorin erreicht am Ende ihres auf fünf Jahre verteilten Pilgerweges durch Frankreich und Spanien mit 70 J. Santiago de Compostela. Während die innere Reise Auseinandersetzung mit schwierigen Umgebungsbedingungen, den eigenen Grenzen sowie dem selbstironisch kommentierten Prozess des Älterwerden einschließt, werden groteske und destruktive Veränderungen des Camino als Massenevent und eine daraus folgende Zerstörung des Weltkulturerbes kritisch bis satirisch reflektiert. Zahlreiche unterwegs entstandene kleinformatige Aquarelle drücken intensive Lebensfreude aus, die alle negativen Aspekte überwiegt.

Die Autorin verleugnet ihren Psychotherapeutenberuf nicht und deutet ihre Unternehmung als nachhaltig wirksame Selbsterfahrung und Psychoprophylaxe, die seelische Verjüngung bewirken kann.

Selbstbild - Kreidezeichnung 2005

Vorwort aus der Rückschau

Borkum, Januar 2011

Die Person auf dieser Zeichnung, das war ich. Was hier ein halbes Jahr nach Beendigung meiner fraktionierten, insgesamt fünf Jahre umfassenden Pilgerwanderungen aufgeschrieben wurde, betrifft meinen Jakobsweg. Ich empfinde ihn als das Beste, was ich je unternommen habe. Auf dem etwa 2000 Kilometer langen Weg von Le Puy bis Santiago de Compostela können sich Rollen, in denen man sich zu sehen gewohnt ist, verlieren. Dann bleibt nur noch so etwas wie ein Kern des eigenen Wesens. Es kann unerwartet beglückend sein, nichts mehr zu empfinden als nur noch sich selbst- was auch immer das sein mag. Vielleicht hat es nicht einmal einen Namen. Diese Erfahrung bleibt ein kostbarer Schatz, auch wenn sie in voller Intensität keinen Dauerzustand darstellt.

Was der Jakobsweg ist oder sein soll, wird an dieser Stelle nicht erörtert werden. Denn dazu gibt es schon genügend Texte und Reiseführer. Wer dazu noch allgemeine Informationen sucht, findet ein vielfältiges Angebot im Internet. Ich selbst hatte vor Antritt meines Camino kein einziges Buch darüber gelesen und bin ganz dankbar dafür, von Erfahrungskonserven jeglicher Art unbeeinflusst geblieben zu sein. Details über zu erwartende Schwierigkeiten hätten mich leicht davon abhalten können, mich auf den Weg zu machen. So hört man heute nicht selten, nachdem sich die Masse auf dem letzten Wegstück zu erwartender Pilgerlegionen herumgesprochen haben, dass Menschen deswegen davor zurückschrecken, sich diesen Lebenswusch zu erfüllen. Gerade für solche verhinderten Pilger möchte ich beschreiben, wie sich Schreckliches unvermutet verlieren kann. Derartige Erfahrung ist nicht durchweg angenehm, dafür aber lebensphilosophisch nachhaltig.

Woher kam eigentlich mir, als einem religiös ungebundenen Menschen, diese Idee? Früher dachte ich, der Jakobsweg sei eine Art Marterpiste für fanatisch-religiösen Buß-Sport und käme als solcher für mich nicht in Betracht. Bis mir eine Frau begegnete, und zwar vor und nach ihrer monatelangen Wanderschaft bis Santiago de Compostela. Ich traf einen völlig verwandelten Menschen, leuchtend wie eine Lampe vor Begeisterung *"immer weiter zu gehen, zu gehen und zu gehen"*. Ihre Gründe haben mich weniger interessiert, vermutlich waren sie ihr selbst auch nicht bewusst. Sie hat mich sozusagen infiziert.

Mit diesem Bericht über meinen Jakobsweg, werde ich vielleicht auch Menschen anstecken, die ein vergleichbares eigenes Erlebnis als wünschenswert empfinden, wobei dieses freilich auch sehr anders ausfallen dürfte. Mir geht es nicht darum, möglichst viele zum Jakobsweg zu bekehren, sondern den Weg zu einer intensiven Erfahrung mit sich selbst am Beispiel meines Camino zu beschreiben. Für diese innere Reise haben traditionelle Jakobswege, hier die *Via podiensis* in Frankreich und der *Camino francès* in Nordspanien, äußeren Rahmen und Hintergrund gebildet. Da ich als älterer Mensch ein anderes Verhältnis zum Pilgern meine zu haben als ganz junge Menschen, richte ich meinen Bericht eher an ältere Semester. Ich denke dabei an PilgerInnen, die ich gerne auf dem Weg getroffen hätte, eher stillere Menschen, die ihren Weg als existentielle Erfahrung verstehen.

Beim schriftlichen Festhalten des Erlebten habe ich außerordentliche Freude empfunden. Mir wurde gleichzeitig wiederholt bewusst, wie unzureichend sich meine Eindrücke in Worte fassen ließen. Vielleicht muss Wesentliches dann zwischen den Zeilen gesucht werden. Das Schreiben spielte, ebenso wie das Malen, überhaupt eine zunehmend bedeutsame Rolle. Während die Texte der ersten Etappen und die zugehörigen Bilder überwiegend aus der Erinnerung entstanden, wurde beides mehr und mehr zur täglichen Übung unterwegs. Es spiegelt in jedem Abschnitt durch unterschiedliche Tempi meine streitbare Auseinandersetzung mit der Umwelt, mit mir selbst und meinem Leben in Vergangenheit, Gegenwart und Zukunft wider. Absurde Schattenseiten des Jakobstourismus spielen dabei eine wichtige Rolle und werden wiederholt kritisch reflektiert.

Keine Sorge- ich werde meine Leser nicht mit einer Ausbreitung persönlicher Schicksale befrachten. Allerdings habe ich in meiner Darstellung unglückliche Momente, Missstimmungen oder spontan aufkommende negative Assoziationen bewusst nicht ausgelassen. Konflikte aus früheren Lebenssituationen tauchten unvermittelt auf und meldeten sich mit dem Anspruch, aufgelöst zu werden. So könnte auch der Eindruck entstehen, dass dieser Weg eine sinnlose Quälerei darstellt oder die Autorin eine unreife Persönlichkeit sein muss. Aber Menschen sind eben keine Engel und werden auch durch Jakobspilgern nicht zu solchen. Zumindest glaube ich daran nicht. Meinen Leser erwarten weniger fromme Bibelsprüche als die teilweise selbstironische Dokumentation einer prozesshaften Grenzerfahrung, die in gewisser Hinsicht verwandelnden Charakter hatte.

Darüber hinaus erscheint sie mir als eine sinnvolle Psychoprophylaxe. Ich hoffe, auf diese Weise zeigen zu können, dass auch innerhalb einer Welt, die durch das Pilgern als Modetrend, Massentourismus und Umweltzerstörung, durch Jugendwahn, Gewalt, Gier und

Konsumismus einerseits, Vorurteile, Egoismus, Angst und Lieblosigkeit andererseits geprägt ist, wesentliche persönliche Erfahrungen möglich sind. Pilgern bedarf keiner heilen Sonderwelt und würde mir zumindest in einer solchen auch wenig Sinn machen. Dass man nur auf diese Weise pilgern kann, möchte ich nicht behaupten. Denn es gibt sicher viele Wege dazu, und das ist auch gut so, denn Menschen sind sehr verschieden in ihren Bedürfnissen. Da die Touristenflut auf dem Camino francès in Spanien Bedingungen geschaffen hat, die besonders für sensible und ältere Menschen grenzwertige Herausforderungen und Zumutungen darstellen, ist es auch mein Anliegen, hierauf vorzubereiten. Auch sehr empfindliche Menschen und Senioren können sich diesen bekanntesten Teil des Jakobsweges zutrauen. Sie sollten allerdings wissen, worauf sie sich einlassen. Hinsichtlich der Via podiensis in Frankreich, wo die meisten Pilger Senioren sind, gibt es ohnehin keine speziellen Bedenken.

Ein letzter Tipp für den geneigten Leser: Was mir mein Camino beschert hat, tritt erst gegen Ende des Weges zu Tage. Vorher war es auch für mich nicht erkennbar. Aber dessen Anfang und alle einzelnen Etappen gehören unbedingt dazu.

Viel Freude beim Lesen !

I Unvergessliche Erinnerung

Le Puy en Velay - Golinhac
28.August - 9.September 2005

Im ersten Anlauf sind wir Anfang August 2005 von Le Puy-en-Velay in Frankreich aus gestartet und binnen zwei Wochen auf einer Strecke von zweihundert Kilometern auf der Via podiensis fast bis Conques gelangt. Wir, das waren meine Tochter und ich. Sie hatte mir ihre Wanderbegleitung zu meinem 65.Geburtstag geschenkt. Es ging uns dabei auch um unsere Beziehung, für die wir uns auf dem Jakobsweg eine neue Qualität erwandert haben. Vielleicht eine riskante Unternehmung in mehrfacher Hinsicht. Denn an solchem Härtetest könnten Beziehungen auch endgültig scheitern. Wir beide hatten aber wohl Glück miteinander und waren uns nach diesem gemeinsamen Erlebnis näher als zuvor. Ohne meine Tochter hätte ich mich alleine vielleicht gar nicht auf den Weg gemacht, weil ich eingedenk fortgeschrittenen Alters doch gewisse Bedenken hatte. Rückblickend betrachtet hat sich das Alter zwar nicht als entscheidende Einschränkung erwiesen, wohl aber permanent als Thema gestellt. Allerdings hatte ich auch schon längere Zeit zuvor im Fitness-Center auf dem Laufband mit zunehmenden Steigungsgraden, zuletzt auch mit vollgepacktem Rucksack, trainiert.

Unglaublich war die Intensität dieser Erfahrung, die meine körperlichen Kapazitäten weit stärker gefordert hat als angenommen. Dachte ich doch, dass wir im Altweibersommer nach dem ersten Hügel auf einer leicht gewellten Ebene gemütlich dahinpilgern werden. Doch es war an vielen Tagen unvorstellbar heiß, etliche Berge waren verdammt hoch und elend steil. Nie zuvor habe ich so viele Liter geschwitzt und getrunken und bin so weit jenseits meiner Grenzen gelangt. Mein Gepäck, zu Anfang eine verhasste Last, wurde später zum guten Freund. Unzählige Szenen, mit der dazugehörigen musikalischen Untermalung, sind nur in meinem Gedächtnis gespeichert und anfänglich noch ungemalt geblieben. Eins der schönsten Bilder sehe ich aus der Vogelperspektive: wie wir auf endlos langen Serpentinen, in großem Abstand voneinander, in einem Regensturm bergauf kriechen, der unsere Pelerinen zu Ballons aufbläst. Wir krümmen uns vor Lachen und brüllen, dass man uns von weitem hören kann. Man sieht unvergesslich komisch aus mit einem Regenschutz über dem Rucksack und nackten Beinen darunter. Zwei triefende Vogelscheuchen, die vor Lachen kaum laufen können. Wir hatten danach Muskelkater im Zwerchfell. Überhaupt haben meine Tochter und ich in der ganzen Zeit mehr zusammen gelacht als je zuvor, und selbst die wenigen Streitszenen entbehrten nicht einer gewissen Komik.

Es ist wie ein Film, den ich im Kopf bewahrt habe, über diese erste Etappe meines *Chemin de Saint Jaques*. Immer wenn ich ihn abspiele, spüre ich wieder glückliche Dankbarkeit. Das erste Bild aus meiner inneren Fotogalerie zeigt Karoline in Le Puy, wie sie ihren aus badischen Wäldern stammenden Ast-Rohling an der ehrwürdigen Mauer unseres ersten Gite schärft. So lautet die französische Bezeichnung für Herberge. Ein wahrer Rübezahl-Stock, der sie um Hauptes Länge überragt. Wir wollten an diesem Tag möglichst früh starten. Gerade kommen wir aus der Frühmesse in der Kathedrale, wo wir in eisiger Kälte einen Pilgersegen und eine schwarze Madonna als roten Stempel im Pilgerpass erhalten, außerdem jeder einen Muschelanhänger als Talisman erstanden haben.

Hinter uns liegt unsere Ankunft mit dem französischen Schnellzug TGV am Vorabend und der Erstkontakt mit einem solchen Gite. Wir haben später weit unbequemere Unterkünfte angetroffen. Aber diesen ersten habe ich mit seinen endlos langen düsteren Fluren, in denen man sich bei nächtlicher Toilettensuche verlaufen hat, doch in schockartiger Erinnerung. An diesem Abend kann ich mir nämlich noch nicht vorstellen, überhaupt mit mehreren Menschen zusammen in einem Raum schlafen zu können. Meine Jugendherbergszeit liegt mehrere Jahrzehnte zurück, ich hatte wohl mit Einzelzimmern gerechnet. Karoline seufzt in stiller Verachtung. Beschämt ergebe ich mich meiner ungewissen Zukunft, die ich irgendwie zu überstehen hoffe.

Im Einschlafen denke ich an das bedeutungsvolle Zusammentreffen mit einer Frau namens Uli aus Bayern beim Abendessen vorhin, wie an ein gutes Omen. Uli war mit ihren 60 Jahren zwölf Wochen lang alleine unterwegs, obwohl sie kein Wort Französisch spricht. Nach dem Tode ihres Mannes wollte sie lernen, zum ersten Mal im Leben etwas auf eigene Faust zu unternehmen. Da ihr letzter Tag mit unserem ersten zusammenfiel, übergab sie uns eine Minidose Nescafé als Staffelstab. Wir werden sie als Kostbarkeit sehr zu schätzen wissen, den Rest am Ende der Reise sogar noch weiterreichen können.

Auf dem Foto trägt Karoline noch ihren Uralt-Rucksack. Obwohl es noch früh am Morgen ist, scheitert unser geplanter Frühstart an einer defekten Hüftschnalle dieses museumsreifen Teils. Ich beginne wütend zu knurren, weil wir uns hier und jetzt auf die Suche nach einem neuen Sack machen müssen, den meine Tochter schon längst gebraucht hätte, sich aber aus

Nachhaltigkeitsbedenken wohl dazu nicht entschließen konnte. Sie hofft auch jetzt, nur eine neue Schnalle zu finden oder den Defekt reparieren zu lassen. Es wird unerwartet heiß, und wir sind viel zu warm angezogen. Mit Mühe gelangen wir endlich per Bus in einen entfernten Vorort, wo wir zum Glück auch wirklich einen Rucksackladen finden, der sogar geöffnet hat. Da derartige Schnallen weder erhältlich noch reparierbar sind, muss nun doch ein neuer Sack her. Das Prachtstück darf ich meiner Tochter schenken. Nach Ablauf eines halben Tages treffen wir endlich erneut in Le Puy ein. Bei einem XL-Eisbecher beratschlagen wir, ob es sich überhaupt noch lohnt, heute aufzubrechen. Unsere Tour ist knapp kalkuliert. Wenn wir eine Nacht verlieren, werden wir nicht bis Conques kommen können. Außerdem darf man nicht zwei Mal hintereinander im selben Gite übernachten. Wir müssten uns also ein Hotel suchen.

Kurz entschlossen stehen wir plötzlich auf und marschieren einfach los. Es ist schon späterer Nachmittag. Eine weitere halbe Stunde verstreicht bei vergeblicher Suche nach Wegmarken aus unserem Outdoor-Führer. Wir wissen noch nicht, dass dieses Reiseepos zu unserer Orientierung oft weniger taugen wird, als die eigene Nase. Vor allem Karolines Intuition erweist sich wiederholt als zuverlässiger. Es geht bereits auf 16 h zu, als wir die steile Rue de Compostelle am Ortsausgang von Le Puy endlich zu ersteigen beginnen.

Karoline ist mir rasch so weit voraus, dass ich sie schon bald nicht mehr sehe. Mit ihren guten Augen erspäht sie die rot-weißen Wegmarkierungen der *balises* schon von weitem, die mir entgehen, solange ich mich auf meine Vorhut verlasse. Als es nach der ersten Kuppe offensichtlich immer weiter bergauf gehen soll, fühle ich quasi mein letztes Stündlein gekommen. Mit bitterem Bedauern stelle ich mich auf die konkrete Möglichkeit ein, diesen Abend nicht mehr zu erleben. Mein Sack wiegt viel zu viel, es ist viel zu heiß, und meine Kräfte werden nicht ausreichen, weil ich schon zu alt für ein solches Abenteuer bin. Mir kommt aber nicht der Gedanke, mich einfach an den Straßenrand zu setzen. Schweißtriefend keuche ich Schritt für Schritt aufwärts – bis ich meine Qual angesichts der wahrhaft traumhaften Kulisse plötzlich vergessen habe. Die außergewöhnliche Schönheit der zerklüfteten Landschaft hat mich in eine Art Wanderekstase versetzt. Karoline treffe ich an einer Weggabelung wieder, als das Schlimmste überstanden ist. In stummem Einklang werden wir von Meter zu Meter mehr zu Pilgern. Aufgenommen vom Strom der Geschichte, verschmelzen wir mit unserer steinigen Straße. Worte werden kaum noch gewechselt. Etwas singt im Inneren.

Mit Einbruch der Dunkelheit kehren wir ohne Anzeichen besonderer Erschöpfung in Tallode in dem Gite privé von Madame Allègre ein. Wir genießen ihr köstliches Mahl – *lentilles de Le Puy* – und lernen unsere zukünftigen Reisegefährtinnen kennen. Neben uns sitzen zwei Engländerinnen aus Südafrika, mit denen wir viel zu erzählen und zu lachen haben. Wir schlafen himmlisch im Zweierzimmer und erwachen ausgeruht und mit dem erwarteten Muskelkater. Das nächste Bild zeigt uns bereits startklar zusammen mit der freundlichen Wirtin. Wir wissen noch nicht, dass so entgegenkommende Gastgeber keineswegs die Regel sind. In manchen Gites werden wir froh sein müssen, überhaupt ein Bett zu bekommen. Manchmal dürfen wir uns in einer Gemeinschaftsküche etwas zubereiten. Mit anderen Pilgern ergeben sich dabei oft interessante Begegnungen. Wenn der Gastgeber kocht, sind köstliche Spezialitäten zu erwarten.

Die Engländerinnen sind schon in aller Frühe aufgebrochen. Doch jeweils gänzlich unerwartet, werden wir ihnen noch wiederholte Male begegnen. Es geht in Richtung Monbonnet. Auf einem weiteren Bild lässt sich meine Tochter in einer für Pferde gedachten Maschine die Schuhe beschlagen. Auf dem nächsten posiere ich neben einer schlichten Rochuskapelle. Der mittelalterliche Heilige, erkennbar an der Pestwunde am Bein und seinem Hund, wird dort als Jakobus-Pilger verehrt. Noch ahnen wir nichts von der vor uns liegenden Mühsal bis zum Eintreffen in Saint Privat d'Allier mit stundenlangem Aufstieg in gnadenloser Sonnenhitze. Auf dem folgenden Foto bin ich zu sehen, zwar schon sichtlich erschöpft, doch immer noch motiviert. Ich halte eine in dem Café erworbene hölzerne Jakobsmuschel hoch. Plötzlich stehen die beiden Engländerinnen vor uns. Beim gemeinsamen Fußbad in einem Brunnen trinken wir einen Espresso miteinander. Nach dieser Wiederbelebung trauen wir uns am Nachmittag noch eine weitere Etappe zu.

Die Strecke bis Monistrol beträgt schließlich höchstens sechs Kilometer, dies fast nur bergab. Die Engländerinnen bleiben in einem Hotel in St.Privat. Im Nachhinein erschien unsere Entscheidung leichtsinnig und tollkühn. Der ungemein lange, steile Abstieg auf buckligem Waldpfad erwies sich als extrem kräftezehrend. In der einbrechenden Dunkelheit hätten wir stürzen und uns sämtliche Knochen brechen können. Bei Regen wären wir ganz verloren gewesen. Unterwegs registriere ich noch nicht allzu viel. Aber in Monistrol ist meine Erschöpfung schon dermaßen fortgeschritten, dass ich kaum zu bewegen bin, noch die letzten Meter bis zum Gite hinauf zu steigen. Den Umstand, dass Herbergen meist am höchsten Punkt im Ort liegen, werde ich noch oft verfluchen. Karoline, sehr im Gegensatz zu mir, ist entzückt von dieser Unterkunft. In meinem Zustand werde ich plötzlich hochgradig gereizt und kann die Masse an Pilgern kaum ertragen, die sich in dem kleinen Gebäude zusammendrängen. Sie wollen alle dicht an dicht auf Matratzen in einem fensterlosen Gemeinschaftsraum schlafen. Ich packe mein Zeug und wandere aus auf ein Sofa in der Küche, wo ich aber auch keine Ruhe finde.

Erstaunlicherweise fühle ich mich am nächsten Morgen dennoch gut erholt und nach einer köstlichen Tasse Kaffee einem erneuten Aufstieg gewachsen. Es weht eine frische Brise, in der unsere feuchte Wäsche schnell trocknet, während wir ein Picknick im sonnigen Kiefernwald halten. Das Rasten unterwegs werden wir zunehmend als Ritual gestalten. Meine Tochter, eine geborene Genießerin, erweist sich besonders begabt darin, kleine Extras auszutüfteln. Wir benutzen ihren Bade-Schlaf-Umhang als Tischtuch. Ein Bild zeigt sie beim Wäscheaufhängen am Stacheldrahtzaun. Zumeist tragen wir beide aber die feuchten Sachen als Anhängsel an unseren Rucksäcken. Auf einem weiteren Foto stehe ich in einer mit seltsamen Papierrosen geschmückten Fichtenschonung. Vermutlich kündet dieser Schmuck von einem dortigen Volksfest.

Wir befinden uns kurz vor Saugues und sehen die hölzerne Skulptur der mittelalterlichen Bestie von Gévaudan, einem menschenfressenden Riesenwolf, schon von weitem. Unser Weg führt an einem Gite vorbei, der den klangvollen Namen *Le Chalet* trägt und sich als Gespensterschloss erweist.

Ein phantasievoller Bastler hat hier aus Sperrmüll eine wahrhaft abenteuerliche Pilgerbehausung zusammengezimmert. Die Duschkabine kippt leicht um, wenn sie nicht festgehalten wird. Wir erfrischen uns, hängen die frisch gewaschene Wäsche aus dem Fenster und machen uns auf in den Ort. Wen treffen wir dort im Restaurant: unsere lieben Engländerinnen. Sie wollen den morgigen Tag dazu benutzen, Pakete nach Hause aufzugeben, um ihre Gepäcklast zu reduzieren. Damit werden wir einen Vorsprung haben, den sie eigentlich kaum einholen können, und feiern deswegen jetzt Abschied.

Am nächsten Tag haben wir einen endlos scheinenden Marsch vor uns. Wir verlieren unsere Wegzeichen irgendwo und laufen im Kreis. Unser Outdoor-Führer führt uns in die Irre. Seine Texte haben mit den örtlichen Gegebenheiten hier wenig zu tun. Umsonst fahnden wir nach angegebenen Hochspannungsleitungen und Brücken über Bachläufe. Auf einem Bild badet Karoline in dem Flüsschen Virlange. Dort sind wir im Gras liegend eingenickt und erst am späten Nachmittag wieder aufgebrochen. Doch in der Sonne sollte man nie schlafen. Man wacht nicht erholt sondern entnervt auf.

Irgendwo im nächsten Wald gelangen wir an eine eingestürzte Brücke. Dort flammt plötzlich ein Disput zwischen uns auf. Karoline, einen Kopf größer als ich, erspäht das hinter Buschwerk verborgene lange vermisste Wegzeichen. Da sich dieses meinen Blicken entzieht, leuchtet mir nicht ein, warum diese unpassierbare Brücke unbedingt überquert werden soll. Wieso ich ihr denn nicht vertraue? Wir bewältigen das Hindernis schließlich jeder auf seine Weise. Ich werfe mein Gepäck voraus und balanciere ohne Sack über die morschen Balken. Sie watet durch das Gewässer. Das letzte Wegstück auf einer Asphaltstraße ermüdet uns dermaßen, dass wir beschließen, ganz unpilgerhaft die letzten zwei Kilometer zu trampen. Ein freundlicher Fahrer nimmt uns mit, bis am Horizont im Abendnebel das eindrucksvolle Gebäude der Domaine de Sauvage auftaucht.

Die Atmosphäre auf diesem mittelalterlichen Templergut prägt sich uns beiden tief ein. Wir haben schönere und bequemere Unterkünfte angetroffen und anderswo besser geschlafen. Doch nirgends fühlten wir so zu Hause wie dort, wo in einer Riesenküche gemeinsam gekocht, gegessen, abgewaschen und erzählt wurde. Das Wesentliche sind die Geschichten der anderen, die schriftlose Zeitung. Wir schlafen in einem bis auf das letzte Bett belegten Saal. Aus einer Ecke tönt orgelgleich gottbegnadetes Schnarchen. Doch an diesem Abend bin ich schon ein Stück weit mehr bereit, alles zu so nehmen, wie es kommt. Der Schnarcher kann heute meinen Schlaf weniger stören. Am nächsten Morgen beim Frühstück wird der Ahnungslose von allen durch den Kakao gezogen. Er stellt sich unwissend – wer denn geschnarcht haben soll?

Ein weiteres Bild zeigt mich beim Umpacken meines Rucksacks auf dem Col d'Hopitalet, wo wir unsere Augen in einer Heilquelle gebadet haben. Auf Umwegen, weil erneut die Wegzeichen verloren, erreichen wir Saint Alban durch die Hintertür über das Gelände einer psychiatrischen Klinik. Im Ort rasten wir in einem Café neben einem landestypischen Glockenturm mit mehreren Stockwerken und lassen uns einen sehr leckeren Fisch schmecken, der laut Speisekarte *lotte* heißt. Auf einem Foto bin ich beim Verfassen eines seltenen Kartengrußes zu sehen. Touristensitten gewöhnt man sich schnell ab auf dem Jakobsweg. Im nächsten Gite in Les Estrets, erwartet uns eine Wiederbegegnung mit unserem Schnarcher, dessen Nachtkonzert wir unfreiwillig ein weiteres Mal genießen. In Aumont-Aubrac haben wir die letzte Einkaufsmöglichkeit vor einer längeren Strecke verpasst und unterwegs alle Vorräte verputzt. Der heutige Weg erschöpft uns mit einer endlos langen Asphaltstrecke ganz besonders. Wir begreifen auch langsam, dass wir morgens viel zu spät aufbrechen und deswegen ständig der Hitze zum Opfer fallen.

Mein nächstes Foto zeigt mich beim Genuss eines erfrischenden Fußbades in La-Chaze-de-Peyre. Dort hatten nette Menschen in der öffentlichen Toilette gigantische Wasserbecken angebracht. Beim Laufen haben wir beide keine Beschwerden. Aber Aufstehen und Aufrichten aus gebückter Haltung erweist sich als Problem, über das wir wenigstens gemeinsam lachen können. Zwei lachende Altweiber veranstalten einen Humpeltanz. Was, wenn dies zur bleibenden Behinderung wird?

Quatre Chemins erweist sich als weniger erfreuliche Unterkunft. Wir scheinen der als launenhaft und wunderlich bekannten Wirtin namens Régine —das erfahre ich später im Laufe meiner dritten Etappe — zunächst nicht sympathisch genug, um für uns zu kochen. Erst nach inständigem Bitten lässt sie sich durch unseren ausdrucksvoll dargestellten Hunger dazu erweichen. Die prachtvollen Decken im Gite sehen handgearbeitet aus. Wir haben unbändigen Spaß mit einem Traum von Karoline, den sie für real hielt:

„Wieso läufst du nachts mit Rucksack, Stock und Hut zum Klo?" will sie am Morgen wissen.

Danach marschieren wir den vielbesungenen Weg durch die einmalig schöne Weidelandschaft des Aubrac. Dort begegnen wir den berühmten anmutigen Kühen mit ihrem honiggelben Fell, den langen Hörnern und kokett umrandeten Augen, wie auf meinem nächsten Bild zu sehen. Unterwegs nach Nasbinals kehren wir in einer mongolischen Jurte am Weg ein, wo uns köstliche Erfrischungsgetränke serviert werden. Schade, hier hätten wir lieber genächtigt.

Als wir an diesem Tag Nasbinals erreichen, bin ich über alle meine Kräfte hinaus erschöpft. Wie ich die letzten Meter bis zur Herberge bewältigen konnte, weiß ich nicht mehr. Dort falle ich auf ein Lager, von dem ich mich erst nach gefühltem fünfzehnstündigem Tiefschlaf wieder erhebe. Karoline und die anderen Pilger machen sich Sorgen und bewegen sich auf Zehenspitzen durch den Schlafsaal. Aber am nächsten Morgen fühle ich mich wie von Toten auferstanden.

Zum ersten Mal regnet es an diesem Tag. Meine Tochter sieht auf dem Foto mit ihrem Regencape über Shorts aus wie ein pilgernder Glöckner von Notre-Dame. Der groteske Anblick bewirkt gemeinsamen Heiterkeitsausbruch. In der Regenpause sieht man uns ein wahrhaft lukullisches "blaues" Frühstück auf der Weide genießen. Diese Wurst, eine mit Blaubeeren gewürzte Spezialität der Region, ist so blau wie Karolines Kopftuch und Anorak.

In Aubrac erleben wir in Rosalies Salon-de-Thé eine wundersame Überraschung. Unerwartet tauchen wir ein in eine luxuriöse Welt voller Düfte, Farben und exotischer Genüsse. Auf einem Bild versenke ich die Nase in einen Rosenstrauß. Wir kosten seltene Tee- und köstliche Obsttorten. Zuletzt erstehen wir jeder einen muschelförmigen Knopf, der seitdem meinen Pilgerhut und Karolines Wanderstock ziert.

Es muss in Saint-Chély-d'Aubrac gewesen sein, wo wir unseren beiden Engländerinnen wider Erwarten doch noch einmal in einem Straßencafé begegnen. Sie haben ihren Vorsprung durch einen wahren Gewaltmarsch aufgeholt und beide ganz wunde Füße. Wir finden einen stimmungsvollen privaten Gite, in dem wir gemeinsam ein Festmahl zubereiten und erneuten Abschied bei Kerzenbeleuchtung zelebrieren.

Muschelmosaik aus Feldsteinen St. Come d'Olt

Nach einer Rast bei der romanischen Kirche von Bessuejols, steht uns ein extrem steiler Aufstieg bevor. An dessen Endpunkt La Rozière sind wir auf dem Bild beide strahlend beim Genuss eines Obstkuchens zu sehen. Diesen und den herrlichen Ausblick haben wir uns wahrlich verdient.

Ein Wolkenbruch ereilt uns in St.Come-d'Olt, wo wir in einem urigen Gite zusammen mit vielen Pilgern gespeist und genächtigt haben. Das in der Nässe glänzende, prachtvolle Muschelmosaik aus Feldsteinen vor der Kathedrale wird mein erstes Aquarell. Durchnässt bis auf die Knochen wandern wir unverzagt weiter. In Espalion treffen wir die Engländerinnen noch ein allerletztes Mal in einer Campingunterkunft. Diesmal feiern wir bei einem gemeinsamen Reste-Mahl definitiven Abschied. Wir erleben ein feuchtkaltes Estaing mit einer denkwürdigen Herberge in einer alten Kirche. Karoline beerntet einen Pflaumenbaum. Die saftigen Früchte schmecken wunderbar, doch bleibt der Genuss nicht folgenlos für uns.

Da wir es zeitlich nicht mehr ganz bis Conques schaffen können, ist Golinhac schließlich unsere Endstation. Von dort holt uns ein Gepäcktransport ab, mit dem wir nach Le Puy zurückgebracht werden. Wir genießen diese Fahrt in besonderer Weise, auf der wir unsere Erinnerungen nochmals rückwärts passieren. Dass unsere so intensiv erlebte Reise schon zu Ende ist, macht uns aber auch etwas traurig und schweigsam.

Noch einmal übernachten wir im Gite communal in Le Puy. Dort treffen wir ein junges Mädchen am ersten Tag ihres Jakobsweges, das unser Reisegeschenk dankbar empfängt: den mitgeführten Rest vom Nescafé.

..noch 1200 Kilometer bis Santiago de Compostela..

II Einsam ist man nie allein

Conques – Moissac
8. – 21. April 2006

Es stand für mich fest, meinen Weg fortzusetzen, aber nun allein, wie das Pilgern meinem Empfinden nach eigentlich gedacht ist. An sich ist Alleinsein nichts Neues für mich. Doch war mir etwas bange davor, vielleicht die rot-weißen Wegzeichen zu übersehen, die meine adleräugige Tochter auf unserer gemeinsamen Tour immer als Erste erspäht hatte. Es ist nicht verkehrt, ein bisschen Angst mit auf seinen Jakobsweg zu nehmen. Wovor man sich fürchtet, wird vermutlich auch passieren, doch wird es hinterher nicht so schlimm gewesen sein. Ich habe mich wiederholt tatsächlich verirrt. Doch vor allem konnte ich die regelmäßige Beglückung genießen, dieses genial einfache Wegzeichen immer wieder zu finden und von weitem aufleuchtend auszumachen. Wenn überall im Leben so unverkennbare Wegweiser stünden! An manchen Stellen dürften freilich doch Markierer am Werk gewesen sein, denen es an Liebe oder Verstand mangelte. Verzweifelte Frage eines ratlosen Pilgers: *"Welcher Idiot hat denn diesen Blödsinn verzapft?"* Auf dem Chemin de St.Jacques erfreuen hinterlassene Kommentare von Vorgängern oft das Herz.

Nicht alle Wandergefährten erweisen sich als angenehme Begleitung. Viele reden einfach zu viel. Du hörst lieber auf ein inneres Lied, als mit Gesundheitsratschlägen oder fremden Krankenmären abgefüllt zu werden. Am liebsten war mir derjenige, der schon von weitem freundlich rief: *"Je veux rester seul!"*

Menschen jeden Alters aus sämtlichen Kontinenten, zumeist nicht mehr ganz jung, sind hier unterwegs. Da gibt es solche, die zwei neue Hüften ausprobieren oder lieber unterwegs umfallen wollen, als auf einer Pflegestation vegetierend ihr Ende zu erwarten.
Wir haben die Wochen, in denen in Frankreichs Städten täglich hunderte Autos brennen. Beim Frühstück im Klosterquartier sitzt ein Brandstifter neben dir und erzählt. Gespräche der etwas anderen Art. Dann triffst Du den Austrobazi oder den Ameropäer, der hat "the way to San Composto already five times done", und wird seinem Sehnsuchtsziel auch beim sechsten Versuch vermutlich nicht näherkommen. Diese Begegnung kann besonders interessant für dich werden, wenn dich gerade die Frage umtreibt, was eigentlich ein Mensch ist.
Niemals wirst du wirklich allein sein auf diesem Weg. Mit deinem Schritt reihst du dich ein in einen geschichtlichen Strom, der vor langer Zeit begonnen hat und hier wieder lebendig geworden ist. Europa lässt grüßen. Deine Brüder, winzige Rucksäcke auf Beinen, wackeln am fernen Horizont entlang. Nur selten triffst du einen Menschen und erfährst Landschaft pur als fast vergessenes Erlebnis. Alle grüßen dich, kennen dich und wissen, wohin du gehst. Hier ist keiner fremd. Denn hier sind nur Pilger unterwegs.
Du bist das, was der Mensch immer schon war: unterwegs im Gehen. Tiere laufen, nur Menschen gehen. Im Gehen entwirfst du dich täglich neu und beantworten sich alle deine Fragen von allein. Du wirst immer einfacher werden, je weiter du kommst. Es wird immer schöner werden, doch nicht unbedingt leichter. Jeder Abend bringt die Überraschung des Tages mit der Unterkunft. Jeder Gite ist anders, manchmal ein öder Pferdestall, oft ein zauberhafter Ort, den

liebevolle Menschen individuell gestaltet haben, die im Geist mit dir weiterziehen werden. Du kennst nicht die Schlafgefährten der nächsten Nacht, weißt nicht, wie laut sie schnarchen, wie tierisch sie stinken, oder welch blöde nächtliche Witze sie reißen werden, wenn du schlafen willst. Du weißt nicht, ob dein Bett hart, kurz und schmal oder weich, lang und breit sein wird. Du weißt nicht, ob du frieren oder schwitzen wirst. Du glaubst nicht, dass genau das glücklich machen kann? Du wirst nämlich trotz allen Ungemachs ausreichend geschlafen haben. All dies kann einfach aufhören, wichtig zu sein, und eben das kann Freiheit bedeuten.

Ich mache mich Anfang April 2006 auf zu meiner nächsten Etappe. Mein Weg, der diesmal in Conques beginnt, soll nach rund 200 Kilometern und zwei Wochen in Moissac enden. Zu Hause kränkele ich schon seit Wochen an einem asthmatischen Husten. So folge ich jetzt auch einer Sehnsucht nach südlicher Wärme. Denn in Deutschland ist es nach einem endlosen Winter weiterhin kalt und nass. Doch dort unten im Süden – die erste Überraschung – erwarten mich sogar Hagel und Schnee. Davon spüre ich in Lyon noch nichts, als ich dort in den Zug nach Toulouse umsteige, der mich bis Rodez bringt. Von hier fährt nur ein Taxi nach Conques, das mich recht teuer zu stehen kommt. Der Ort, ein romantisch verstecktes Plätzchen, an dem die gewaltige romanische Kathedrale kaum Platz findet, wird mir durch eine Nacht in Erinnerung bleiben, die zu den unangenehmsten zählt. Der Gite communal liegt im Kloster. Als später Ankömmling muss ich mit einem Bett im Oberstock vorliebnehmen,

Regenpilger

das Kinderausmaße hat. Plötzlich eingesperrt in einem mit schnarchenden Schläfern überfüllten Käfig verweigern mir Körper und Geist den Schlaf.

Ab dem nächsten Morgen wird mein Gepäck nicht mehr von mir sondern von der Organisation *factages* transportiert. Ich werde täglich staunen, wie problemlos das funktioniert. Heute kann ich mich also leichtfüßiger auf den Weg machen, nachdem die vertrauten Zeichen ausfindig gemacht sind. Ich bin zunächst stocklos unterwegs, weil ich meinen schon so schön verzierten Wanderstab leider, leider im Zug liegen gelassen habe. Den extrem steilen, felsigen und in der Nässe gefährlich rutschigen Weg hätte ich mit vollem Gepäck kaum bewältigen können. Sehr bald vermisse ich die Stockstütze und suche mir einen stabilen Prügel als Ersatz.

Die wenigen Pilger, die mit mir unterwegs sind, sehen mit ihren Pelerinen von weitem aus wie Heinzelmännchen. Am Wegrand blühen winzige leuchtende Blumen, blau-violette Primeln, Männertreu, Veilchen und Anemonen. Zartes erstes Laub sprießt an den Zweigen. Die Natur erwacht mit leisem Summen. Singing-in-the-Rain. Ich laufe bis zur Erschöpfung und finde dann den kleinen, entzückend individuellen Gite privé Le Buscalien in Laubarède, der eigentlich für reitende Pilger bestimmt ist. Dort nächtige ich ganz allein. Die handgestrickten Decken weiß ich in der kühlen Nacht zu würdigen.

Das Frühstück am Morgen findet gemeinsam mit dem Gastgeber statt, einem anregend temperamentvollen Gallier mit Ohrringen und okzitanischem Akzent. Ich bekomme Nachhilfe in Geschichte: In der nahen Stadt Decazeville soll im 18.Jahrhundert der erste Streik auf europäischem Boden unter den Minenarbeitern

Acker und Himmel

ausgebrochen sein. Er war sogar erfolgreich, denn danach wurde dort erstmals eine Sozialversicherung eingeführt. Alte Stiche an den Wänden erläutern das Thema. Da dieser Gite abseits vom Weg liegt, bringt mich der Gastgeber mit seinem Wagen direkt zu meinen Markierungen.

Es folgt ein Marsch durch Regensturm und Graupelschauer. Unter der Pelerine suchen meine blaurot gefrorenen Hände Schutz vor eisigen Windböen. Nicht nur die Zeichen, auch die Wege selbst, sind nicht immer ohne weiteres zu identifizieren. Einige gleichen steilen schlammgefüllten Bachbetten, andere verstecken sich unter weiten Schneefeldern oder verrotteten Bahngleisen. Unterwegs werde ich von einer enthusiastischen Greisin als wiedergeborener Saint Jacques begrüßt, der ihr einen Segenskuss gewähren soll. Meine Bein-und Hüftmuskeln schmerzen.

Der nächste Gite hinter Montredon in Felzin steht in krassem Gegensatz zum letzten. Ich muss mich glücklich schätzen, dass er um diese Jahreszeit überhaupt geöffnet hat. Er liegt in einem zugigen, alten Pferdestall, in dem ich wiederum der einzige Besucher bin. Alles dort, einschließlich Gastgeber samt seinem schmuddeligen Hund, wirkt verrottet und verkommen. Heizung, Licht und Warmwasser funktionieren wegen Stromausfalls nicht. Der Gastgeber erbarmt sich meiner und spendiert mir etwas Brot, Öl, Salz und einen Rotweinrest. Glücklich darüber, in der klammen Küche wenigstens im Trockenen zu sitzen, genieße ich eine auf dem Gasherd zubereitete heiße Kartoffeltütensuppe bei Kerzenlicht. Die Nacht, in der mich eine Art Keuchhusten am Schlafen hindert, wird mühsam überstanden. Jeder Gedanke an die muffigen Decken löst einen Asthmaanfall aus.

Nach dem Gewitter

Wegen der Lausekälte wage ich aber nicht, auf sie zu verzichten. Ältere Pilger sollten derartig unzumutbare Orte vielleicht doch besser meiden. Bei dem herrschenden Dauerregen sind alle kleineren Wege unpassierbar, weswegen ich den ganzen Tag der langweiligen Asphaltstraße nach Figeac folgen muss. An einer Kreuzung eignet sich ein Stein dazu, meinen Minikocher einzuweihen, um mir einen heißen Tee aufzubrühen. Bis auf einige heulende Hunde weit und breit keine Seele.

Figeac erscheint mir unerwartet riesig. Dennoch finde ich das Hotel Toulouse problemlos. Übernächtigt und erschöpft möchte ich garantierten Schlaf finden und gönne mir statt des überfüllten Gites nebenan ein teures Hotelzimmer samt geliebtem französischem Bett. Bevor ich pflichtschuldigst den Ort besichtige, habe ich erst einmal einige Stunden Schlaf nachzuholen. Später erfahre ich in der Stadt, dass der berühmte Ägyptologe Champollion hier lebte, nehme an einer Messe in der Kathedrale teil und genieße einen Tee mit Ausblick auf den Fluss Celé. Das Abendessen lockt mich weniger als das breite Bett, in dem ich weitere zehn Stunden allerbestens schlafe.

Das kostenpflichtige Frühstück – wie die Franzosen tellerlos dabei auskommen, wird mir stets rätselhaft bleiben – serviert mir eine unkonzentrierte, nervöse und überforderte Wirtin. Sie ist aber dennoch so freundlich, mir den Weg zu skizzieren, der mich zu meinen Wegzeichen zurückführen soll. Diese wiederzufinden, stellt mich fast jeden Morgen vor ein gewisses Problem.

Es geht steil aufwärts durch die charmante Landschaft des Quercy zwischen den beiden Flüssen Lot und Celé. Unterwegs gehen mir die *balises* streckenweise verloren, werden aber auf Umwegen wieder entdeckt. Mein heutiges Ziel ist der Camping Ibert in Mas-de-Vergne, wo ich bereits am frühen Nachmittag eintreffe. Hier habe ich es warm und gemütlich in einem Caravan. Beim Abendessen treffe ich mit zwei Pariserinnen und einer Baskin zusammen, die mir Gelegenheit zum Parlieren bieten. Meine Courage wird bestaunt, und ich erspähe eine erste Andeutung der Pyrenäen am Abendhimmel.

Unterwegs nach Cajarc schließe ich mich vorübergehend den Französinnen von gestern an. Der Weg wird dadurch zwar unterhaltsamer, doch nehme ich ihn in seinen Eigenarten weniger wahr. Unterwegs zeigt sich leider der laut Führer "eindrucksvolle Panoramablick" auf das Tal des Lot wolkenverhangen. Früher als erwartet angelangt, nehme ich die Gelegenheit wahr, meine aufgezehrten Lebensmittelvorräte zu ergänzen. Der Gite communal ist recht voll, obwohl kaum Pilger unterwegs zu sehen waren. Ich teile das Zimmer mit einem französischen Kilometerfresser, den ich seiner überlauten Stimme wegen als gehörgeschädigt einstufe. Bevor er einschläft, stellt er sich mit einer Kurzfassung seiner Vita vor: Rotarier-Club-Mitglied, ehemaliger Firmeninhaber, zwei Kinder, verheiratet. Er beabsichtigt, morgen rund fünfzig Kilometer zurückzulegen, und wird daher sehr früh aufstehen. Bei der feuchten Witterung ist meine gestern gewaschene Wäsche feucht geblieben.

Die Französinnen brechen mit mir zusammen auf. Ich raste bald, um die allzu mitteilungsfreudige Dauergesellschaft abzuhängen, deren Krankengeschichten mich so wenig interessieren, wie aufdringliche Gesundheitsberatungen. Warum empfinden andere Menschen so selten den Wunsch nach Alleinsein und Stille? Endlich klart das Wetter auf und wird sonniger. Der Weg führt bergauf durch Eichenwälder, deren Bäume noch ihr altes braunes Laub tragen, häufig entlang verwitterter Mauerreste. Es riecht nach Trüffeln, die hier üppig wachsen sollen. Im Wald sind mehrere klotzige Dolmen zu besichtigen.

Als ich in Varaire eintreffe, finde ich dort die Französinnen wieder vor, die sich ein wenig beleidigt zeigen. Bei einem äußerst köstlichen gemeinsamen Mahl, zu dem zur Feier des runden Geburtstages einer Pilgerin ein Kalbfleischeintopf mit Trüffeln aufgetragen wird, kommen wir uns wieder näher. Jemand erzählte mir unterwegs von einer Wegvariante durch das Tal des Lot. Da mich mehrere Tagemärsche durch Eichenwälder weniger reizen, entschließe ich mich zu dieser Abweichung von meinem Führer. Vielleicht möchte ich auch den Französinnen vorübergehend erneut entkommen. Wir verabreden uns, eventuell zu meinem Geburtstag, für Moissac, sofern sie sich an diesem Tag dort aufhalten.

Der weitere Weg führt durch den Wald, bis ich das malerische Saint-Cirque-la-Popie erreiche. Dort erscheint mir einschließlich der Unterkunft in einem historischen Turm alles kalt, touristisch aufgepeppt, gelackt und vor allem teuer. Im Restaurant durchbohren mich die verächtlichen Blicke des Kellners, weil meine Bestellung auf eine Suppe beschränkt bleibt. Meine Stimmung verschlechtert sich. Dieses nasskalte Wetter geht auf Kosten meiner Motivation.

Doch der kommende Tag, ein heiterer Ostersonntag, entschädigt mich mit einem Weg auf dem alten Uferpfad entlang des Lot, den ich als unerwartet breiten Strom kennenlerne. Schwimmen dürfte hier recht gefährlich sein. Die Strömung ist stark und das Wasser tiefschwarz. Wie es heißt, transportiert es viel blutgetränkte französische Geschichte. Unter überhängenden Felsvorsprüngen geht es hindurch auf einem authentischen Treidelpfad. In dem Vogelnistgebiet bekomme ich Kraniche zu sehen. Dann sind plötzlich keine Wegzeichen mehr auffindbar. Da ich für diese Strecke keinen Führer habe, muss ich meiner Nase vertrauen. Sie leitet mich zuverlässig über stillgelegte alte Bahngleise, wo ich mein Picknick halte, auf einem großen Umweg über das andere Ufer schließlich richtig nach Pasturat.

Im dortigen Gite privé herrscht die Gepflogenheit, mit dem Gastgeber zusammen zu speisen. Dabei ergeben sich spannende Unterhaltungen mit französischen Pilgern über aktuelle Themen. Bei einer zunächst wortkargen Person kann ich seltsamerweise das Geschlecht nicht ausmachen. Stimme und Körperhaltung erscheinen mir männlich, Gesicht und Hände im Gegensatz dazu aber eindeutig weiblich. Das Wesen entwickelt nach Genuss einiger Gläser Wein plötzlich einen so rasanten Redestrom, so dass ich vom Inhalt wenig mitbekomme. Niemand wundert sich über Äußeres und Benehmen. Mir fällt einmal mehr auf –durchaus angenehm– um wie viel individueller die gallische Kultur ist als unsere deutsche.

Am nächsten Morgen wandere ich eine Weile in der Begleitung der eigenartigen Person, die sich humorvoll und fürsorglich zeigt, durch eine unvergesslich schöne Landschaft. Der bergige Weg führt abwechselnd hoch über dem Lottal, dann wieder unten direkt entlang des Flusses durch naturbelassene Bereiche und Vogelnistgebiete. Es gefällt mir, dass verfallenes Gemäuer hier stehen bleiben darf. Fensterläden an verlassenen Häusern leuchten in Lavendel und Krapprot. Als ich nicht mehr laufen sondern nur noch stolpern kann, lege ich eine Stunde Schlaf auf einem Steg am Lot ein. Vor dem Weitermarsch koche ich mir einen Tee und wärme mir ein Reisgericht.

Mein heutiges Ziel heißt Cahors, wo eine berühmte, mozarabisch beeinflusste Doppelkuppel-Kathedrale zu besichtigen ist. Ich nächtige im Foyer des ehrwürdigen Nonnenklosters Jeunesse-de-Quercy in einem Zimmer mit einem grob gestrickten Tiroler. Er gehört zu denen, die den Camino schon etliche Male auf und ab gelaufen sind, aber unterwegs immer noch nichts gefunden haben. Sein Äußeres lässt mich besonders gewaltiges Schnarchen erwarten. Ich bedinge mir aus, dass Stiefel und Socken vor der Tür bleiben. Später gesellt sich noch sein weibliches Gegenstück hinzu. Nach lang hingezogener Unterhaltung entschnarchen beide so lautstark wie erwartet. Um mich nicht weiter zu quälen, packe ich mein Bettzeug und suche mein nächtliches Heil auf einem Sofa im Gemeinschaftsraum.

Beim Frühstück in der Herbergsküche sitze ich neben einem Studenten, der gestern erst irgendwo Autos angezündet hat. Es ist die Zeit der großen Krawalle in diesem Land. Er bietet mir sein Müsli an und hat etwas zu erzählen. An diesem Tag habe ich eine besonders schöne Strecke nach Lascabanes vor mir. Im dortigen Gite privé speisen wir zu acht Personen zusammen mit der Wirtsfamilie. Es gibt einen äußerst leckeren Linsenauflauf neben inspirierenden Zeitgesprächen als natürlicher Austausch von Erfahrungen. Im Norden wird die Ernte dieses Jahr schlechter ausfallen als im letzten, die Preise für Futtermittel sind gestiegen. Im Süden herrscht eine Knappheit an Arbeitskräften etc. Die drei Kinder der Wirtsleute wirken vital und fröhlich, wir sind zu Gast in einer heilen und glücklichen Familie. Es schläft sich gut in den Holzbetten der liebevoll eingerichteten Herberge.

Heute geht es weiter auf dem schönsten Weg dieser Etappe zwischen Fliederbüschen, Pfingstrosen und blühenden Rapsfeldern, gemeinsam mit weidenden Tieren. Weithin ist ein unermüdlich rufender Kuckuck zu vernehmen. Wetter und Kondition sind glänzend, mein Asthma gibt endlich Ruhe. Unterwegs kommt mir ein herrenloses Tischchen gerade recht, um mir eine Tütensuppe darauf zu kochen. Ich passiere das charmante Dörfchen Moncuq, bevor nach einem letzten langen, steilen Aufstieg Lauzerte erreicht wird. So malerisch seine Lage von unten erscheint, lässt dieses touristische Highlight leider jegliche Lebendigkeit vermissen und wirkt museal und tot. Mit meiner Wahl des Gite in einem ehemaligen Altersheim habe ich diesmal Pech. Alles dort wird mir eklig. Ich fühle mich wie ein Pflegefall in einem Klinikbett. Türen klappern laut. Von draußen ist die ganze Nacht hindurch Hundegebell zu hören.

Mein vorletzter Tag wird zu einem zauberhaften Spaziergang durch leicht gewellte blühende Wiesen und Wälder. Es ist ein Erlebnis meditativer Art, sich stundenlang durch pure Landschaft ohne Anzeichen menschlichen Eingriffs zu bewegen. An einem Teich wird mir ein melodisches Froschkonzert geboten. Beim Gesang von Waldtauben raste ich in einem verlassenen kleinen Friedhof und koche mir auf einem bemoosten Grabstein diesmal eine Pilzsuppe. Beim Aufbruch hinterlasse ich einen Strauß Wiesenblumen.

Ich lande heute in einem nobel wirkenden abgelegenen Paradies-Hotel L'Aube Nouvelle, wo ich im sonnenwarmen Garten bei klassischer Klaviermusik von einer blinden, alten Katze umschnurrt werde. Ein edles Abendessen —zu dem geschmackvollen Ambiente kontrastiert meine schäbige Pilgerkleidung empfindlich — weiß ich nach mehreren Tütensuppen besonders zu schätzen, ebenso wie ein französisches Bett. In der Bibliothek entdecke ich ein lokales Märchenbuch, das zu meiner Stimmung passt. Darin lese ich bis zum Einschlafen.

Mein letzter Wandertag fällt zufällig auf meinen 66. Geburtstag. Der Weg setzt sich so lieblich fort wie gestern. Ich pflücke unterwegs einen dicken Strauß Wiesenblumen. Einem Überholer – es sind hier tatsächlich nur Pilger unterwegs –erzähle ich im Vorübergehen von meinem Jubelfest. Er ergänzt meinen Strauß durch einige Magnolienblüten. In der Abendsonne nähere ich mich der Endstation Moissac, wo ich in einem ehemaligen Karmeliterkloster Quartier nehmen will. Unterwegs kommen mir Pilger in umgekehrter Richtung entgegen, die mir über das Tal hinweg Gratulationen zurufen. Der Blumenpflücker hat als Postbote gewirkt.

Auch die Empfangsdame, die in der Herberge meinen Pilgerpass abstempelt, registriert das Datum und beglückwünscht mich. Ich hinterlasse mein Bouquet in der Kathedrale von Moissac als Dank für die geglückte Reise. Die Kathedrale mit ihrem Kreuzgang gehört zu den elegantesten Baudenkmälern, die ich kennengelernt habe. Ich erwerbe in dem kleinen Lädchen L'Occitane zur Erinnerung an diese Etappe etwas Honigduftendes als Mitbringsel für Karoline. Zuletzt finde ich noch als Andenken für mich selbst einen bunten Schlüsselanhänger aus Metall in Form eines Pilgers. An diesem hängt seitdem mein Schlüsselbund. Die Französinnen von unterwegs treffe ich nicht wieder. Am nächsten Tag steige ich in den Zug, der mich über Paris nach Hause bringen wird.

..noch 1056 Kilometer bis Santiago de Compostela..

III   Dunklere Töne

Moissac - Argagnon
30.September-12.Oktober 2006

Über meine dritte Etappe werde ich erst später schreiben. Dies ist kein Zufall, denn in der Zwischenzeit erlebe ich den Jakobsweg innerlich auch bei mir zuhause. Es ist viel passiert seitdem, ein Umbruch meines Lebens steht mir bevor. Aber immer wieder kehre ich in Gedanken auch zum äußeren Weg zurück, nach dem ich mich sehne wie nach einer Heimat, die nicht verlorengehen kann. Ebenso geht es auch meiner Tochter. Oft finden wir nahe zueinander über unsere gemeinsamen Erinnerungen. Es ist ganz wie mit einem alten Lied oder halb vergessenen Gedicht........

Diesmal im Herbst September/Oktober 2006 ist es die dritte Jahreszeit, in der ich den Jakobsweg erlebe. Es geht in Südfrankreich langsam auf die Pyrenäen zu. Passend zum regnerischen Wetter, wird es eine dunklere Episode in diesen zwei Wochen werden mit Nässe und Kälte, Trauer, Wut und Schmerz. Erinnerungen an verlorene Beziehungen begleiten mich als unsichtbare Weggefährten und bescheren mir düstere Träume. Mein Thema dieser Etappe wird vor allem sein, mich mit solchen Tatsachen auszusöhnen. Gegen Ende soll es mir schließlich zeitweise gelingen, mich unabhängig von unwirtlichen Umständen wohl zu fühlen und vorläufigen Frieden zu schließen.

Mein Weg führt von Moissac bis Argagnon. Meine An- und Abreise scheint von Etappe zu Etappe beschwerlicher zu werden. Diesmal will ich es mit der Bahn versuchen. In Moissac werde ich sogleich mit einem

Wanzenalarm konfrontiert, den ich für ein Gerücht halte, das mittelalterliche Pilgeratmosphäre suggerieren soll. Nach der Ankunft empfinde ich zunächst die nasskalte düstere Umgebung als fremd, bis auf den schon bekannten charmanten kleinen Laden L'Occitane mit seinen orientalischen Aromen. Dort hatte ich bei meiner Abreise zuletzt eine nach Honig duftende Creme für meine Tochter gekauft. Jetzt nehme ich mir einen Jasmingeruch mit. Es gibt nichts Schöneres, als eine homöopathische Prise Luxus in der Wüste.

Doch kaum unterwegs am nächsten Morgen stellt sich prompt wieder dieses eigenartige Gefühl ein, schon seit ganz langer Zeit unterwegs zu sein, und einfach weiter zu laufen, als ob es nie eine Unterbrechung gegeben hätte. Abgesehen von der trägen, alten Garonne und der Kathedrale einer beidseitigen Platanen-Kolonnade längs eines Kanals, ist die flache Landschaft des Gers nicht übermäßig reizvoll. Es sind viel weniger Pilger anzutreffen als zuvor. Sonstige Menschen ohne Rucksack begegnen dem Wanderer noch seltener, die meisten Orte finde ich menschenleer vor.

Aus diesem Umstand ergeben sich für den Pilger ernstzunehmende Ernährungsprobleme, denn Epicerien, die keine Kunden zu erwarten haben, werden oft geschlossen. Die wichtigste Information am Ort bezieht sich daher stets auf die nächste Einkaufsgelegenheit. Zur gesamten Szenerie passen ein Dauerregen und innere Themen, die um Verluste kreisen. In vielen Gites bleibe ich der einzige Gast, was mir in dieser Verfassung nicht unlieb ist. Von dieser Etappe bleiben mir vorwiegend Begegnungen mit besonderen Menschen in Erinnerung.

Garonne

Da ist das unvergessliche Zusammentreffen mit einer seltsamen Heiligen namens Thérèse im Acceuil Pélérin in Miradoux. Später erst werde ich von dem hochgelobten Wegexperten Pierre hören, dass alle Welt unterwegs von ihr spricht. Bei dieser legendären Gestalt lande ich zufällig und restlos erschöpft, bis zu den Haarwurzeln eingestaubt von einem Querfeldein-Marsch, nachdem ich meinen Weg verloren hatte.

Zunächst einmal ist Thérèse überhaupt nicht da. Ohne zu ahnen, bestehe ich ihren ersten Pilgertest, weil ich mich trotz ihrer Abwesenheit und zwei scheußlich fetten, hinter einer Gittertüre kläffenden Hunden, nicht davon abhalten lasse, durch einen Hintereingang einzuchecken, wo ich mich einfach auf ein Lager fallen lasse. Orgelmusik nach Ankunft meiner ganz unerstaunten Wirtin, weckt mich aus totenähnlichem Erschöpfungsschlaf. Ich treffe eine halb blinde, humpelnde alte Frau, die ein panzerähnliches Korsett trägt, das ich bald in direkten Augenschein nehmen muss. Ohne überhaupt zu fragen, macht sie sich daran, meine lehmverschmierten, durchgeschwitzten Klamotten zu waschen. Sie wird sie auch flicken und mich sogar vorübergehend mit alten Kleidungsstücken von sich selbst ausstatten. Ein solches Geschenk kann eine große Wohltat auf dem Jakobsweg bedeuten, denn die Wäscheprozedur wird zur Qual, wenn das Zeug nicht trocknen kann. Nasse Textilien wiegen ungemein viel, das geht auf die Knochen. Bei Thérèse fehlt es zwar an vielem, doch verfügt sie über eine funktionierende Waschmaschine mit intakter Trocknungsfunktion.

Beim abendlichen Pilgermahl erwartet mich ein zweiter Test, bei dem ich mich unter Thérèses gestrengem Auge durchmogeln muss. Ich habe das mir servierte Essen für aufgewärmtes Hundefutter gehalten und mich grenzenlos geekelt. Während ich meinen

Teller mit lauwarmen grauen Fettklumpen heimlich in eine Ecke der gruseligen Tafel hinter eine von Fliegen umschwirrte Schale mit Faulobst schiebe, höre ich die Heilige laut singen. „*Ultreia, ultreia!*" Sie ist gerade dabei, Weißbrot mit einer Schere aufzuschneiden, wobei sie selbstgedichtete Verse rezitiert. Wir sitzen in einem bis unter die Decke mit sakralen Requisiten gepflasterten, düsteren Gewölbe. Überall brennen Kerzenstumpen. Nachdem Thérèse mir einige ihrer Wunderheilungen geschildert und mich mit frommen Lebensweisheiten eingedeckt hat, falle ich bei ihrem Abschlusstest dann endgültig durch. Denn mich beschäftigt wegen des Übergewichtes meines Rucksacks eine gewisse Sorge. Wer weiß, ob es solche Transportengel wie *factages* auch in Spanien geben wird? Ein richtiger Pilger denkt natürlich nicht an so banale Dinge, sondern lässt voll Vertrauen auf den Gott des Zufalls alle Sorgen fahren. Ich schlafe dennoch bestens in dieser Nacht und verlasse die Lokalität guter Stimmung und in sauberen Gewändern, ohne Geld dafür ausgegeben zu haben. Thérèse verlangt auch keine Bezahlung, sie erwartet stattdessen eine freiwillige Spende. Da ich in diesem Augenblick aber nur ganz große Scheine habe, widersetze ich mich diesem Zufallsgott. Später habe ich ihr dann einen kleineren Schein zusammen mit einem herzlichen Dankesgruß geschickt.

In Lectoure muss ich in einem imposanten Klosterstift nächtigen, das sich zunächst absolut unzugänglich darstellt. Da ich nicht aufgebe zu läuten, wird mir schließlich irgendwann doch aufgetan. Das menschenleere Gelände erweist sich als labyrinthisch verzweigt, so dass man einen Ariadnefaden bräuchte, um zum Ausgang zurückzufinden.
Ich verbringe die Nacht schlaflos mutterseelenallein in einem Riesensaal. Hygienehalber ist die Matratze

mit Plastikfolie überzogen, von der mein Körper dauernd abrutscht. Das Licht lässt sich nicht ganz löschen, die Fenster nicht schließen. Es zieht mörderisch, etwas klappert pausenlos. Ein Herbststurm schmettert ein Blechteil arrhythmisch gegen Mauerwerk.

Morgens wird das Wasser in der Dusche nicht heiß. Ich rutsche auf dem nassen Kachelboden aus und knalle kräftig auf den Boden. Glück gehabt, nichts passiert. In dem winzigen Küchlein ist es saukalt, die Streichhölzer für den Gasherd sind klamm. Wo ist mein Feuerzeug geblieben? Habe ich es etwa verloren? Ein freundlicher Pilgerengel hat ein wenig Butter und Käse im Kühlschrank hinterlassen. Denn gestern war irgendein Feiertag, an dem ich nichts mehr einkaufen konnte. Zum Glück habe ich Notreserven an Nescafé in Tütchen bei mir. Mehr braucht es für diesen Morgen nicht, um mich aufzumöbeln. Die Kathedrale, Zufluchtsort der Menschen in verflossenen Kriegszeiten, wirkt abweisend martialisch wie eine Festung. Ich finde sie geschlossen vor.

Häufig verlieren sich die rot-weißen oder weiß-roten Wegmarkierungen unterwegs, so auch im Nieselregen hinter Marsolan. Solchen Vertrauensübungen in einer Tote-Hosen-Gegend, begegne ich mit wachsender Gelassenheit. Auf Umwegen finden sich die *balises* stets wieder. Ständig gehen mir auf dieser Etappe mehr oder weniger unersetzliche Requisiten verloren. Sehr traurig bin ich aufgrund des Verlusts meines vertrauten Wanderstockes in Lectoure, den ich durch einen karierten Regenschirm notdürftig, aber zum Wetter passend, ersetze. Als aber später mein Telefon verschwindet, kommt leichte Panik auf, weil es in besonders abgelegener Gegend geschieht,

Platanenallee am Kanal

in der ich wieder einmal alle Wegzeichen verloren habe. Es zählt zu den kleinen Wundern, dass das Telefon zu mir zurückfindet, indem es mir von einem Fremden nachgetragen wird. Warum in La Romieu alle Katzen verehrt werden, verrät eine mittelalterliche Legende: Eine grausame Hungersnot zwang hier die Menschen zum Verzehr ihrer Katzen. Eine Liebhaberin dieser Tiere rettete den Ort vor dem Verhungern. Den von ihr verschonten samtpfotigen Nachtjägern gelang es nämlich, ein gefräßiges Ratten-Mäuse-Heer zu besiegen, so dass es die Getreidevorräte nicht mehr vertilgen konnte.

Eine weitere Kathedrale mit militärischem Zubehör war hier zu besichtigen. Die Bischöfe in dieser Gegend scheinen vorwiegend Kriege geführt zu haben. Nur vorübergehend vermindert sich der unerschöpfliche Dauerregen, bevor ich in einen wahren Wolkenbruch gerate. Ich flüchte mich in einen neuen Gite, der am Weg liegt. Die Wände des ehrwürdigen alten Gebäudes zieren zahlreiche kleine Engel. In der Küche werde ich mit einem heißen Tee aufgewärmt und anschließend noch zu meinem vorbestimmten Herbergsort gefahren, wo mein Rucksack auf mich wartet. Ich nenne Jouelle, die Dame des Hauses, auch einen Engel.

Mein für mich unersetzlich gewordener Gepäcktransport *factages* wird unbedingt ebenfalls von Engeln ausgeführt, die am rauschenden Telefon allerdings oft schwer zu verstehen sind – sofern es freilich überhaupt ein Netz vor Ort gibt. Um Empfang zu bekommen, müssen gelegentlich Tische bestiegen oder hochgelegene Friedhöfe aufgesucht werden. Diese Institution arbeitet auf niedrigstem Organisationsniveau erstaunlich zuverlässig und bewahrt meine Kniegelenke vor dem Verschleiß. Mir erscheint es jeden Tag nach der Ankunft im neuen Gite als kleines

Altes Fachwerk

Wunder, meinen guten, alten Sack tatsächlich in irgendeinem Winkel drinnen oder draußen zu entdecken. Am nächsten Morgen deponiere ich ihn dann in derselben Ecke, wo er von dem Abholer gefunden werden wird.

In Montreal schätze ich mich glücklich, auf der Ferme de Soleil wenigstens im trockenen Wohnwagen sitzen und schlafen zu dürfen. Ich bin sogar dankbar, dass mir nur das halbe Salzfass in die heiße Suppe gefallen ist, so dass sie noch annähernd genießbar bleibt. Der ganze Raum wird von der Farbe Blutrot beherrscht. Das rührende Portrait eines riesigen Stiefmütterchens hängt schief an der Wand. Die Leiterin dieses Gite beschwert sich beim Frühstück bitterlich über unverschämte Pseudopilger, die mit jedem Euro geizen und ein extra Badezimmer pro Person verlangen. Geiz scheint auch hier immer geiler zu werden. Es regnet heute etwas weniger dicht.

Von hier geht es weiter nach Eauze. Weil ich mich unterwegs an das Alleinsein gewöhnt habe, kann ich im dortigen Gite communal mit mehreren Personen im Raum wieder einmal schwer einschlafen. Es herrscht plötzlich Hochbetrieb. Woher kommen all die vielen Pilger auf einmal, von denen unterwegs keine Spur zu sehen war? Ich genieße aber sich ergebende Gespräche. Man redet nur über Notwendiges. Ohne viele Worte wird zusammen gekocht und abgewaschen. Missverständnisse sind dabei ausgeschlossen. Wetternachrichten haben höchste Priorität. Niemand breitet seine Biografie aus. Keiner schimpft oder nörgelt herum. Man geht respektvoll und schlicht miteinander um.

Hinter Manciet verliere ich nicht nur die örtliche, sondern auch meine zeitliche Orientierung. Alles sieht gräulich und nebelverhangen gleich aus.

Brücke über den Adour

Der Regen hat aufgehört, der Matsch ist noch da. Heute könnte ein Samstag sein. Ich schleppe mich mehr als ich gehe bis Lanne Soubiran, wonach erneut meine Wegzeichen verschwinden. In meinem Kopf entstehen interessante Kriminalromane, die ich mir zu merken versuche. In diesen ermorden sich einige meiner gefühlten Lebensgegner gegenseitig. Eine feine Zackenlinie am Horizont zeigt die Pyrenäen an.

L'Aire sur Adour beschert mir endlich besseres Wetter. Ich genieße den Anblick des milchig grünen Flusses, der in der Vergangenheit viel französisches Blut getrunken haben soll. Die Brücke hat es mir angetan. Ich finde am Ufer unter Platanen eine bequeme Bank, die mich einlädt zu aquarellieren. Mein Minikochtopf dient als Malgefäß. Danach schlafe ich ein Stündchen im Freien. Der Gite wird erst am späten Nachmittag öffnen. Vorher kann ich mir in Ruhe die ehrwürdige Sainte Quitterie anschauen. Hier kreuzt eine Gruppe singender Schweizerinnen erstmals meinen Weg.

Der Gite communal an diesem Ort wird unter den Pilgern nahezu verklärt. Grund sind seine ästhetische Ausstattung und sein weiser Leiter Pièrre, den die Jahre eigener Jakobserfahrung quasi zum Ritter dieses Weges geschlagen haben. Er gilt als uneingeschränkt kompetenter Experte in allen Dingen und kann mir auch tatsächlich Auskunft geben über eine Frage, die mir meine Tochter mitgegeben hat. Wo könnte man vielleicht einen Jakobsesel mieten? Abends speisen wir gemeinsam köstlich französisch in einem Nobelrestaurant. Leider klappert nachts die Schlafzimmertüre die meiste Zeit. Ein wunderschöner Bildband in der Bibliothek über Jakobsimpressionen eines asiatischen Pilgerkünstlers kann mich am Morgen trösten.

Bei Miramont haben mich entweder die angeblich grassierenden Wanzen doch noch erwischt, oder ich habe mit einer heftigen Allergie auf Mais reagiert. Vielleicht auch beides. Vom Weg abgekommen, musste ich mir eine Gasse durch ein ausgedehntes Maisfeld bahnen. Diese Blätter sind messerscharf, vor allem für nackte Arme. Die meinigen sehen jedenfalls am nächsten Tag ähnlich aus wie solche von Wanzenopfern. Im Gite versucht man, die Seuche mit einer bewährten Radikalmethode zu bezwingen: Wir müssen uns alle noch auf der Straße ausziehen bis auf die Unterwäsche, die Rucksäcke werden in Müllsäcke aus Plastik gezwängt – die Tierchen können angeblich solches Material nicht überwinden – und alle Kleidungsstücke sollen nun gewaschen werden. Die einzige Waschmaschine steht in dem engen Flur, in dem unsere Säcke einen schwer übersteigbaren Berg bilden. Niemand beherrscht das mirakulöse Programm der Maschine, die das Zeug bis in die Nacht unermüdlich herumwälzt, aber mitnichten trocknet. Das Ende vom Lied sieht so aus, dass wir in feuchte Schlafsäcke kriechen müssen. Unsere Gebete werden insofern teilweise erhört, als es zeitweise zu regnen aufgehört hat, so dass der Rest unserer Wäsche wenigstens halb trocken eingepackt werden kann. Die ganze Prozedur konnte angesichts der bescheidenen Dimensionen der Maschine allerdings nur klappen, weil einige geschwindelt und ihre Sachen ungewaschen eingeschmuggelt hatten. Die Laune blieb allgemein heiter beschwingt. Wenn es wirklich Wanzen waren, konnten sie uns nichts anhaben. Mein Jucken wird bis zum Ende der Reise bestehen bleiben und meine Nächte beleben.

Dann in Arzaq, kurz vor Ende dieser Etappe, ereignet sich eine kleine Katastrophe, wie sie in abgelegenen Regionen schon mal vorkommen kann:

Der Geldautomat verweigert die Annahme meiner EC-Karte. Wie komme ich nun nach Hause, wenn mein Barbestand nicht mehr für eine Fahrkarte langt? Er wird nicht einmal für die nächsten beiden Unterkünfte reichen. Die Bank nebenan zeigt sich unerbittlich unzuständig für meine Notlage. Während ich erstaunlich unbesorgt meinen Weg durch knöcheltiefen Schlamm fortsetze, kommen mir im Gehen kreative Ideen. Ich könnte doch einfach in der nächsten Herberge darum bitten, umsonst aufgenommen und genährt zu werden. Bin mir dabei ganz sicher, dass man mich weder auf der Straße schlafen noch verhungern lassen wird. Dann gäbe es noch die Möglichkeit, den Bürgermeister im Ort aufzusuchen, und offiziell um Asyl zu bitten. Später werde ich diese Möglichkeit als illusionär erkennen, denn es findet sich in keinem Ort überhaupt eine Menschenseele, erst recht kein Bürgermeister – nur nasse Straßen und verschlossene Häuser mit heiser bellenden Hunden.

Nachdem ich eine innere Bereitschaft gefunden habe, um Hilfe zu bitten, erweist sich dies als unnötig. Denn ich begegne erneut der Gruppe von Schweizerinnen, die mir ohne Aufhebens die benötigte Summe leihen werden. Wie es immer so geschieht auf diesem Jakobsweg, hat man sich unterwegs mehrfach wiedergetroffen und getrennt. Es ist purer Zufall, dass ich sie in einem alten Kirchlein finde, in das wir uns unabhängig voneinander vor einem tropischen Regenguss gerettet haben. Sie improvisieren dort einen engelsgleichen Echogesang. Noch einmal verabschieden wir uns endgültig voneinander – und begegnen uns letztendlich dann doch noch einmal wieder in unserem letzten Gite in Argagnon.

Rosenfenster in Nogaro

Dieser erweist sich als das non plus Ultra unter allen bisherigen. Er heißt Gite de Cambarrat, macht ganz Frankreich Ehre und wird geführt von Nicolas und seiner Frau. Nach so viel Einöde und Primitivität tut es der Seele wohl, wieder Kultur zu spüren. Alles in diesem Gite ist einfach, schön und echt. Wir werden zum Abschied mit baskischem Huhn bewirtet. Der Gastgeber spielt auf der Laute und singt baskische Lieder für uns. Ich habe eine der Schweizerinnen zur Freundin gewonnen.

.noch 833 Kilometer bis Santiago de Compostela......

IV España es diferente

Argagnon – Logrono
30.Juni–15.Juli 2007

Es wird Ende Juni im Sommer 2007, bis ich erneut aufbreche, diesmal um die Pyrenäen zu überqueren. Um es gleich zu gestehen: Ich hatte schon gewisse Bedenken, an diesem Gebirgsmassiv zu scheitern. Dazu gab es noch die schwer einschätzbare Gefahr südlich extremer Sommerhitze. Meine Sorge entsprang aber vor allem der dumpfen Ahnung, dass in Spanien überhaupt alles anders sein würde. Und weil es mir in Frankreich so wunderbar ergangen war, was konnte mich dann in Spanien erwarten? Wie immer wird aber die Wirklichkeit zuvor unvorstellbar gewesen sein. Die Berge erwiesen sich als die geringste Schwierigkeit. Eine größere verkörperte sich in Gestalt winziger Mücken. Und ich bekenne außerdem: Spanien selbst wurde für lange Zeit mein Problem.

Mit einem besonders ausgeklügelten Anfahrtsmodus glaubte ich, es ganz schlau anzustellen. Ich kam nämlich per Auto angereist, das ich unbesorgt auf dem Gelände des romantischen Gite Cambarrat in Argagnon lassen konnte. Die Folgen dieses Reisekonzeptes hatte ich bis zuletzt zu spüren, das ich verfluchte, weil es mich zwang, seinen Voraussetzungen zu folgen. Da gab es Orte, bei denen man rechtzeitig vorher wissen musste, mit welchen Vehikeln man zu welchen Zeiten an welchen Wochentagen welchen Anschluss bekommen kann. Wie verständigt man sich über derart komplizierte verkehrstechnische Zusammenhänge mit ungeduldigen SpanierInnen, die meist kein

Französisch verstehen, und deren Englisch einer Verständigung nicht dienlich ist? Es reist sich tatsächlich leichter nach Indien und zurück, als aus der spanischen in die französische Pampa!

Bei der Ankunft bin ich froh darüber, die Autofahrt in einem Tag bewältigt zu haben. Nicolas freut sich auch, mich wiederzusehen. Kaum den vertrauten Weg neu angetreten, fühle ich mich angesichts der rot-weißen Zeichen sofort wieder ganz zu Hause, als ob ich gestern erst den Weg verlassen hätte. Da sich gleich der erste Tag schwül anlässt, mache ich aber bald schlapp und schlafe eine Stunde lang am Ufer der Gave d'Oloron. Erst weitere Stunden später, im nächsten Gite in Sauvelade, entdecke ich abends etliche rote Beulen am Körper, deren mörderisches Jucken mich um die ersehnte Ruhe bringt. Keine Salbe hilft gegen meine Mücken-Allergie. In meiner Müdigkeit hatte ich vergessen, mich durch Eincremen vor diesen im Süden offensichtlich besonders giftschwangeren Viechern zu schützen.

Tagsüber merke ich weniger davon. Da ereignen sich unvergessliche Begegnungen und Stunden wie in der freundlichen Ferme Behoteguya bei Aroue. Dort eingetroffene Pilger erfinden ein kleines Ritual vor ihrer morgigen Pyrenäenbesteigung: Sie sammeln ihre Schmutzwäsche ein, um sie gemeinschaftlich zu waschen. Alle wollen mit sauberen Schlüpfern nach drüben kommen. Man lacht sich gemeinsam schief über die Symbolik, gerade weil sie ernst gemeint sein mag. Die betagte Waschmaschine rumpelt die ganze Nacht über. Eine wunderbare Atmosphäre wie in dieser Herberge wird quasi Legende werden. Denn ab jetzt sind angenehme Plätze wie dieser, ebenso wie ältere Pilger seltener anzutreffen.

Fingerhut in den Pyrenäen

In der Nacht erhalte ich das schönste Traumgeschenk meines Lebens und wache mit Hochgefühlen auf. Der Weg nach Ostabat wird mir trotz seiner beachtlichen Steigungen so leicht, als ob meinen Sack ein unsichtbarer Anderer trüge. Doch *factages* gibt es ab hier nicht mehr. Beim baskischen Abendessen hat man wieder einmal viel zu lachen – diesmal über baskischen Touristenrummel. Unser deutlich angetrunkener Gastgeber unterhält uns mit baskischen Volksliedern. Immer wenn wir einen Bissen zum Mund führen wollen, beginnt er ein neues zu singen. Zuletzt bringe ich den Goliath zum Verstummen mit Tönen aus meiner winzigen Maultrommel. Individuelle Kreativität fehlt uns bei dieser peinlichen Veranstaltung. Auf dem Zimmer gibt es ein Wiedersehen mit besonders netten Kumpels von Behoteguya. Mein Rucksack wird mir von zwei Experten korrekt auf den Body geschnürt. Im WC findet sich ein erwähnenswertes Detail in Form eines muschelverzierten Papierhalters.

Wir begegnen einer deutschen Familie mit zwei Kleinkindern und einem Schäferhund, die schon seit zwölf Wochen unterwegs sind. Ein modernes Erziehungsexperiment. Die Eltern sind davon überzeugt, dass ihre Kinder überaus wertvollen Gewinn aus dieser frühen Erfahrung ziehen werden. Doch die Kleinen wirken bei der Prozedur weniger glücklich als gequält. Meiner Befürchtung nach könnten sie auf diese Weise auch eine Jakobsweg-Allergie erwerben. Soviel Gottvertrauen ist dennoch beinahe beneidenswert. Hunde sind in spanischen Pilgerherbergen nämlich nicht zugelassen. In Kenntnis dieser Örtlichkeiten, muss ich solche Einschränkung allerdings auch begrüßen. Diese Deutschen wollen es einfach darauf ankommen lassen, ob Leute das Herz haben werden, sie mit zwei kleinen Kindern vor der Türe stehen zu lassen.

Ich verliere die Familie bald aus den Augen, deren weiteres Schicksal mir daher unbekannt bleiben wird.

Seltsame Freaks sind auf diesem Camino unterwegs, in den die Via podiensis hier mündet. Eine Japanerin aus Texas wird zur nächsten Begegnung. Yoko rennt behende wie ein Wiesel, auch bergauf über Stock und Stein. Wir schauen zusammen der Geburt eines Kalbes zu, dem anschließend sofort ein Knopf ins Ohr gezwackt wird. Es kommt nichtsahnend auf den Wärter zu, zuckt vor dem Schmerz zurück und schaut danach nicht mehr so vertrauensvoll drein. Yoko redet wie ein Wasserfall, wie gerne sie alleine ist, und wie oft sie alte Kleider wegwirft. Ob das denn noch normal ist? Normale Menschen sind auf dem Jakobsweg natürlich genauso häufig oder selten wie irgendwo sonst.

Als ich in Saint Jean-Pied-de-Port eintreffe, ist schon mein halber Oberkörper aufgequollen von einer fulminanten Allergie. Mein Gesicht hat asiatische Züge angenommen. Ich bin nahe daran aufzugeben. In meiner Herberge treffe ich auf eine ausnehmend humorvolle Wirtin. Nachdem ich dort mein Bett eingenommen habe, muss ich mich bei ihr beschweren über ein hohes Surren im Raum, bei dem ich keinesfalls schlafen kann. Das Geräusch hört sich eindeutig elektrisch an. Wir suchen erfolglos gemeinsam das leere Zimmer ab, steigen dazu auf Leitern und leuchten in dunkle Ecken. Weil wir nichts finden, das sich abstellen ließe, ziehe ich in einen anderen Raum um. Plötzlich tritt das Surren aber auch dort auf. Nachdem wir noch eine Weile alles durchforscht haben, entdecke ich die Quelle der Störung: Es ist mein eigener Rucksack, in dem sich meine Notfallmatratze von selbst aufbläst. Die sympathische Dame hat laut mit mir gelacht.

Im Dunkel der folgenden Nacht bin ich ziemlich

bescheiden geworden. Mein grauenvolles Jucken hat mich gezwungen, mich mit einer vorzeitigen Beendigung meiner Reise abzufinden. Dieser Niederlage nächtlich gewachsen, gelingt es mir am nächsten Tag unerwartet, einen kompetenten Allergologen aufzutreiben. Dieser lacht mich aus, verschreibt mir Cortison und schickt mich ohne Bedenken hinauf ins Gebirge. Doch vorher veranstalte ich eine radikale Abspeckkur mit meinem Rucksack. Er wird auf ein Drittel verdünnt und der überschüssige Inhalt an den Gite Cambarrat geschickt. Jetzt fühle ich mich fit genug, mein Zeug wieder komplett alleine zu tragen. Ich möchte im unbekannten Spanien nicht auf irgendwelche - sofern überhaupt vorhandenen - Gepäcktransporte angewiesen sein, die mich nötigen würden, meine Schlafplätze im Voraus festzulegen. Es wird ein Traumtag. Mit einer unübertrefflichen Hausmedizin meiner freundlichen Wirtin - Essig hilft gegen alles - geht es mir mit meinen Quaddeln rasch besser. Zwei Tage später schaue ich dank Cortison schon fast wieder europäisch aus.

Nach Frühstart im Nebel, steige ich federleicht mit ausgedünntem Rucksack bis Orisson. Dort wird unsportlicheren Pilgern eine Übernachtung vor der langen Strecke über den Lepoeder-Pass nahegelegt. Hüfthohe Fingerhutbüsche blühen am Wegrand, die ich später Lust haben werde zu malen. Mein Kommentar über diese Superherberge füllt mehrere Seiten in meinem Tagebuch. Herrliche Lage mit überwältigender Aussicht auf die abendliche Pyrenäenkette von einer windbefächelten Terrasse aus, Spitzenmatratzen in blitzsauberen Zimmern, mehrere Waschmaschinen und Waschräume, Bibliothek etc. Trotzdem empfehle ich dem Pilgerfreund, diesen Ort möglichst zu meiden. Die Atmosphäre ist nicht pilger-sondern rein geschäftsmäßig. Das liegt nicht am Preis, der noch einzusehen wäre, sondern an der Einstellung des jungen Paares. Die Frau des Hauses schleudert mir in baskischem Französisch-Englisch mit spanischer Geschwindigkeit eine Reihe von Regeln entgegen.

„Hier ist nicht mehr Frankreich sondern Spanien, jedem Pilger steht nur einmal duschen zu, Waschmittel gibt es nicht, nur auf Socken das Haus betreten!"

Selbst versteht sie keinen meiner spanisch korrekt gebildeten Sätze. Daran scheitert auch eine Kommunikation über meinen Proviant für morgen. Nach der Erfahrung mit vielen liebevoll geführten französischen Gites, nach dem beglückenden Erlebnis auf der Ferme Behoteguya, wo technisches Zubehör allenfalls notdürftig funktionierte, empfängt der emotional verwöhnte Pilger in Orisson eine erste spanische Ohrfeige -und ist verstimmt. Sauberkeit und Perfektion haben wir doch zu Hause. Was wir auf dem Camino suchen und besonders wertschätzen, wenn es vorkommt, sind menschlich liebenswerte Züge. Es gibt tatsächlich Leute, die gerne und nicht allein des Geldes wegen tun, was nötig ist. Sie finden sich natürlich auch in Spanien, scheinen zumindest auf dem Camino francès aber dünner gesät zu sein. Ich fand es bezeichnend, dass sich in dieser vor Sauberkeit blitzenden Herberge vor allem deutsche Wanderer einfanden. Übrigens funktionierten die beiden nagelneuen Waschmaschinen nicht einmal, und dies anscheinend schon seit Monaten. Sie sahen nur gut aus. Aus der Bibliothek in Orisson habe ich einen angeschimmelten französischen Roman über das Seelendrama eines Jungen im England vor dem ersten Weltkrieg mitgenommen, der mich so fesselt, dass ich das Buch unbedingt auslesen möchte. Lasse dafür ein ausgelesenes Buch in der Bibliothek zurück.

Pyrenäenberge im Nebel

In aller Frühe steige ich am nächsten Morgen durch Nebelmeere und sehe langsam eine Bergspitze nach der anderen aus dem weißlich schimmernden Dunst auftauchen. Mit mir wandern weidende Schwarzkopfschafe und wilde Pferdeherden. Ich bewundere betaute Riesenblüten von Silberdisteln am Boden, grüße majestätisch kreisende Raubvögel über meinem Kopf und bin ein einziges Singen. Was heißt hier schon Spanien, wo seit Jahrhunderten ein internationaler Camino verläuft, als es noch gar kein Spanien gab. Schon Karl der Große pilgerte hier.

Unterwegs kommen von irgendwoher auf einmal erstaunlich viele Pilger zusammen. Man trifft sich meist beim Rasten und verliert sich danach vorübergehend wieder. Und es ist dieser fröhlich offene, witzige Austausch unterwegs, der von jetzt ab spezifisch für den spanischen Camino wird und vieles wettmacht. Hier pilgerst du keinen Moment mehr alleine. Das wirst du in manchen Stunden verfluchen, in anderen umso mehr begrüßen. Da begegnet dir der bunte, muschelbehangene, zerlumpte Dauerpilger, der schon seit Jahren vor-und rückwärts unterwegs ist und dir in kurz gefasster Vorausschau demnächst zu erwartende Probleme im Detail vermittelt. Diesem solltest du gut zuhören. Oder du triffst kölnische Spanier und spanische Deutsche, die vor Lebensfreude überquellen. Es ist eine Wonne, eine Weile mit ihnen zu gehen - nicht länger. Mit meinen siebenundsechzig Lenzen scheine ich recht fit zu sein. Ich raste zwar öfter, komme aber nicht später an als die Truppe.

Roncevalles alleine wäre den Camino wert, nicht bloß trotz, sondern auch wegen der Unterkunft im ehrwürdigen Gebäude des Refugio - wobei Pilgerseniuoren ausdrücklich vorgewarnt sein sollen, wie auch vor einigen der folgenden Herbergen. Diese hier sieht übrigens nicht nur aus wie ein Gefängnis, sondern scheint auch eins zu sein. Bevor du die Herberge betreten darfst, wirst du einer echten Inquisition unterzogen: Du hast dich im Sekretariat offen, in schriftlicher Form, als Pilger zu bekennen. Dabei spielt keine Rolle, wie ernst du die Deklaration meinst, oder wie schamlos du lügst. Hier erfahre ich, wie sich viele Spanier das Zertifikat erschleichen: Sie klappern per Auto die Herbergen ab, bis die geforderten Kilometer für dasselbe beisammen sind. Das dürften die gefürchteten Massen sein, die am Ende den Camino überfüllen werden. Es kommt mir überhaupt alles sehr katholisch vor. Die Pilgermesse in der Abbey empfinde ich als meisterhaft inszenierte Kirchenoper. Wunderschön erscheint mir ein alter Bronze-Kerzenleuchter mit bunten Glasanhängern im Gewölbe der Kapelle.

In der ungeheuren Halle des Refugio mit seinen vergitterten Fenstern lagert auf unzähligen Doppelstockbetten ein vielköpfiges Heer von PilgerInnen, die in der Nacht ein einmaliges, polyphones, internationales Schnarchkonzert veranstalten werden. Allein die Wäschesammlung kann noch tagelang erheitern, weil du Glück haben musst, wenn du nicht statt deiner Socken einen fremden BH zugeteilt bekommen hast. Erwartungsgemäß und pünktlich vor Morgengrauen wirst du mit lautem Halleluja-Gesang geweckt. Der nasse Boden vor den zwei(!) weiblichen Duschkabinen ist rutsch- und lebensgefährlich. Zum Glück kommen in Spanien Morgenduscher selten vor. Du trinkst stumm deinen heißen Nescafé, wunderst dich über etliche vorhandene Internetgerätschaften, bis du begreifst: OK, jetzt sind wir in Absurdistan. Alles bisher war nur Vorbereitung. Jetzt erst beginnt dein eigentlicher Pilgerweg auf dem Camino francès.

Deine hoffentlich gute Laune wirst du als Vorrat möglicherweise dringend benötigen für den kommenden Tag einschließlich der folgenden Nacht. Denn der beschwerliche Aufstieg könnte dir belanglos vorkommen gegenüber der Qual des endlosen Abstiegs nach Zubiri. Noch lange danach werden dir tagelang lauter humpelnde Pilger mit nachhaltigen Knieproblemen begegnen. Nimm Knieschützer und viel Geduld mit, denn der Weg wird dir viel länger erscheinen, als du erwartet hast. Deswegen kann es dir bei der Ankunft so gehen wie mir, dass du dich aus lauter Erschöpfung an das erstbeste Bett klammerst, das du erwischen kannst. Die nächste Herberge könnte nämlich noch schlimmer ausfallen.

Die Unterkunft in dem trübseligen, windigen Ort erweist sich als winziges, bis zum Bersten mit Doppelstockbetten gefülltes, schmalbrüstiges Kämmerchen, in dem man zwischen den Schnarchtürmen kaum stehen und schon gar keinen Platz für Rucksäcke finden kann, geschweige denn Ruhe. Beim Waschen stehen Männlein und Weiblein im Freien, weil die Türe zur Straße nicht abschließbar ist. Der Herbergswart trabt mal brüllend, mal qualmend quer durch alle Räume. Die Klotür lässt sich nicht verriegeln, nur das Internet funktioniert problemlos. Unbeschreiblich und unglaublich, aber wahr -und für mich sehr spanisch. Zumutbar nur für außergewöhnlich widerstandsfähige Personen.

Doch die heitere Stimmung stellt sich am nächsten Morgen auf dem herrlichen Weg zu dem auf Umwegen gefundenen Kloster Trinidad de Arre rasch wieder ein. Dort findet sich eine Spur der wohltuenden Atmosphäre von Behoteguya. Zumindest haben die Mönche bei der Einrichtung dieser Massen-Herberge berücksichtigt, dass der lärmgeplagte ältere Pilger einen Ort der Ruhe braucht, an dem er auch in der Herde

einmal für sich sein kann. Vielleicht weil die Einrichter den Camino selbst erfahren haben.
Denn – das muss jetzt doch gesagt werden –Stille scheint dem spanischen Wesen fremd zu sein. Alles ist hier laut. Das kann bis an die Schmerzgrenze an Pilgernerven sägen. Kaum hast du dich niedergelassen, fühlt sich wieder jemand bemüßigt, dir die ewig gleichen Fragen zu stellen. Woher du kommst, wohin du gehst, seit wann du unterwegs bist, und wie lange du noch laufen willst. Mehr wollen die meisten gar nicht wissen, und hören deinem Bericht ohnehin nur ausnahmsweise zu. Gerade hat sich ein älterer Freimaurer neben mich gepflanzt und hebt zu einer langen Rede an. Ich käme ihm so angenehm rezeptiv vor. Muss ich wirklich unhöflich werden? Der liebevoll eingerichteten Herberge wegen verzeihe ich dem Ort eine baskische Kellnerin, die sich tatsächlich weigert, Bestellungen in einer anderen Sprache entgegenzunehmen. Das hätte ich nicht geglaubt, wenn man es mir erzählt hätte. Wir befinden uns im Lande der ETA.

Bis zur nächsten Station muss die ganze Stadt Pamplona durchquert werden, die im Rausch des San Fermines-Festes in Rot und Weiß durch die Straßen tanzt. Eine Übernachtung hier und heute ist ausgeschlossen. Es ist ein strahlender Tag und ein bewegendes Erlebnis, an echt spanischer, über Müll und Gestank triumphierender Lebensfreude teilzuhaben, selbst wenn sie so lautstark daherkommt. Reportagen über die allmorgendlich hier stattfindenden Stierläufe dröhnen als Ereignis des Tages aus dem Fernsehgerät jeder Bar.
Mit meinem Rucksack reihe ich mich in mehrere Prozessionen ein, die zusammen mit Musikkapellen durch die Gassen ziehen. Anders wäre auch kein Vorwärtskommen möglich. Ich folge nacheinander der bunten

Alter Bronzeleuchter in Roncevalles

Riesenpuppe eines Mohrenkönigs, einer Prinzessin, eines Zauberers, und wundere mich über plötzliche Tränen in meinen Augen. Könnte es sein, dass ich zu wenig gefeiert habe in meinem Leben? Cizur Menor mit seiner winzigen Herberge im Malteserkloster, habe ich in Erinnerung als entzückenden Ort, trotz absoluter Überfüllung und vielen lärmenden Spanierinnen als Bettnachbarinnen mit laut tönenden Handys. Es ist die Spur liebevollster Sorgfalt, mit der hier für alle Bedürfnisse gesorgt wurde, die als Stimmung die versammelte Pilgerschaft zu gemeinsamem Kochen inspiriert.

Der nächste Morgen sieht uns als lang hingezogene Rucksackkarawane schweißtriefend in praller Sonne einem Berg mit etlichen Windmühlen zustreben. Wie könnten derartige Bauwerke in Spanien auch fehlen! Es geht gen Obanos, wir erklimmen den Monte de Perdon. Beim Abstieg nach dieser gewaltigen, kniefeindlichen Anstrengung, treffen wir im Tal auf einen Wohnwagen, aus dem von weitem hörbare klassische Musik erklingt – ein Klavierkonzert von Mozart. Drinnen werkelt fröhlich ein schnurrbärtiger Engländer, der seinen müden Pilgergästen Stühle im Schatten einer Markise und Milchkaffee (oder lieber Tee?) mit Keksen anbietet. Mit Sicherheit ein alter Engel. Vor dieser gelungenen Existenzform, ist dieser Mensch viele Jahre auf Jakobswegen gewandert, bis er fand, dass es nun genug sei – was ihm dann aber wohl doch nicht endgültig ausgereicht hat. Da der bevorstehende Weg bis zur nächsten Station sich als wieder einmal sehr, sehr langer erweisen wird, fühle ich noch immer Dankbarkeit für diese Labung.

Meine Kräfte werden an diesem Nachmittag erneut restlos aufgezehrt von einer ermüdend langen Landstraßen-Piste, so dass ich widerstandslos der Verführung eines Hotels am Stadtrand von Puente la Reina anheimfalle. Das Quartier ist unverschämt teuer und, von einem himmlischen Vollbad abgesehen, recht langweilig. Immerhin breche ich wohl ausgeruht auf und überquere andächtig in der Frühe eine der wohl schönsten Brücken dieser Erde. Auf den Türmen der Kathedrale nisten Störche. Die beträchtliche Hitze macht mir heute erstaunlich wenig zu schaffen.

Unterwegs treffe ich ein liebenswertes Brautpärchen aus Prag wieder, das schon in Cizur Menor meinen Weg gekreuzt hat. Die beiden halten sich die ganze Zeit an den Händen und bleiben häufig stehen, um sich zu küssen. Italienische Radfahrer überholen uns und zollen mir mit erhobenen Daumen Anerkennung. Die habe ich auch verdient. Es kommt immer wieder unterwegs zu erfrischenden kurzen Unterhaltungen. Was den eigentlichen Zauber der ganzen Prozedur ausmacht, will ich nicht ernsthaft unternehmen, in Worte zu fassen. Ein Kanadier erzählt, dass die ersten Afrikaner auf dem Camino gesichtet worden sind. Muslime fehlen bislang noch.

Der uralte gigantische Pilgerstall in Estella wird rührend geführt von einigen hilflos überforderten Padres. Aber vor dem nächtlichen spanischen Lärmen, das von der Straße herein brandet, und der Überfüllung mit schwafelfreudigen und raumgreifenden MitpilgerInnen, kapituliert mein Schlaf. Morgens um Punkt sieben Uhr findet ein automatischer Hinauswurf auf eine historische Pilgerstraße statt, zum Teil in unvollständig bekleidetem und frühstückslosem Zustand. Da ich so übernächtigt nicht wanderfähig bin, flüchte ich mich nochmals in ein Hotel. Ich entdecke sogar ein erschwingliches Plätzchen, wo ich in Ruhe lesen und malen kann. Ein stark geschwollener großer Zeh und zunehmend spanienfeindliche Laune verlangen nach Regeneration.

San Fermines in Pamplona

In der lärmigen Bar schaue ich mir etliche Stierkämpfe an, bis es endlich einen Torero am Hosenboden erwischt. Ansonsten haben die Tiere ja keine Chance. Dieses verfügte zu seinem Glück über ein besonders breites Gehörn. Ich betrachte das spanische Volk um mich herum genauer und bestaune sein Talent, Nichtstun angenehm zu gestalten.

Mein Weg nach Villamayor führt mich zunächst durch eine märchenhafte Landschaft, der eine zwölf Kilometer lang hingestreckte baumlose Staubwüste folgt. Dieser Tag schenkt mir eine Erkenntnis, die antike Völker gute Geister in Bäumen ansiedeln ließ. Es ist nicht Wassermangel, der unmittelbar lebensbedrohlich empfunden wird, sondern fehlender Schatten. Auf drei Vierteln der kraftraubenden Strecke, sehe ich von weitem ein zierliches Ölbäumchen mit seinen dünnen Zweigen winken. Mit diesen spendet es mir Schutz vor einer gnadenlos sengenden Sonne und befächelt mich im Schlaf mit leichten Lüftchen. Ich hätte den generösen Baumgeist umarmen mögen.

Abgesehen von einer angenehmen österreichischen Herberge in Los Arcos, eingerichtet von erprobten Caminokennern, erweist sich dieser Ort als uninteressant. Die spanischen Öffnungszeiten von Lebensmittelgeschäften sind schwer zu merken, erscheinen willkürlich festgesetzt und grundsätzlich pilgerfeindlich.

Unterwegs nach Viana wird ein von Kopf bis Fuß tätowiertes exotisches Individuum meinen Weg kreuzen, das sich uneingeladen an meiner Seite an einem Wasserlauf niederlässt. Ich hatte den seltsamen geschwätzigen Kerl schon lange zuvor gesichtet und mich in der Hoffnung gewiegt, meinen Weg nicht allzu dicht mit ihm teilen zu müssen. Jetzt wird mir etwas

Im Schatten ruhender Pilger

bange, weil weit und breit keine Menschenseele zu sehen ist. Abhauen kann ich nicht, weil ich die Stiefel ausgezogen habe, um meine Füße im Bach zu kühlen. Der Mensch beginnt, seinen dicken Stock schwunghaft zu bewegen. Aber dann fängt er an, darauf eine Melodie zu blasen, anstatt mich damit zu bedrohen. Um ihn ganz von potentiellen Gedanken an meine dicke Pilgerbörse abzubringen, packe ich meine Maultrommel aus, und wir musizieren gemeinsam.

Das folgende Viana wird als menschenunwürdiger Massenpferch angefüllt mit dreistöckigen Betten – deren Vorkommen war mir bis dahin unbekannt – in meinem Gedächtnis haften bleiben. An diesem lebensfeindlichen Ort gibt es erstmals nicht einmal mehr Decken, weswegen ich in Ermangelung einer solchen nach meiner Rucksackreduktion aus mehreren Gründen nicht schlafen kann. Die spanische Empfangsdame, an der kein Eintreffender vorbeikommt, ohne dabei eingecheckt zu werden, hatte mein abendliches Deckenersuchen abgeschmettert mit einem: *„No es frio".* Anders als in Frankreich, kann man in Spanien meist Herbergen nicht besichtigen, ohne gleichzeitig darin gefangen zu bleiben. An diesem öden Ort, durch dessen Straßen der Wind leere Plastiktüten treibt, heißt es: friss Vogel oder stirb. Da ich dieses schreibe, bin ich zwar nicht gestorben, habe aber in dieser grausigen letzten Nacht am eigenen Leib gespürt, wie sich Asylanten in Massenlagern fühlen müssen. Zu allem Übel musste ich mit dem tätowierten Musikanten ein Dreier-Hochbett teilen und konnte noch von Glück sagen, dass mir nicht ein Platz ganz oben zugeteilt war.

Nach dieser Tortur fällt mir der Abschied vom Camino für diesmal nicht schwer. In Logroño gelingt mir unter Aufbietung aller Nervenkräfte, glaubwürdige Auskunft über verfügbare Rückreisemöglichkeiten zu erhalten. Dazu sind drei Anläufe erforderlich. Die beiden ersten ergaben Fehlinformationen, weil spanische Auskunftspersonen beleidigt reagieren, wenn man ihr Kalaschnikow-Englisch nicht versteht. Busabfahrt 20 Uhr, Ankunft am Umsteigeort 22 Uhr, Bahnhof wird geschlossen, Warten draußen bis circa ein Uhr, Abfahrt nach Bayonne in falsch beschriftetem Bus, der eine halbe Stunde zu früh ablegt, dessen Fahrer keine mir bekannte Sprache spricht und NICHT EINMAL DAS REISEZIEL WEISS!!!

In Bayonne werde ich mich erst auf französischem Boden fühlen, als gegen sechs Uhr der Bahnhof öffnet. Vorher warte ich an einer menschenleeren Kreuzung drei Stunden lang auf einer Bank, bewaffnet nur mit einem Pfefferspray, das ich anschließend entsorge. Die letzte halbe Stunde teile ich mit einem jungen Mann aus Österreich, der noch nicht weiß, dass er zum Jakobspilger werden wird, nachdem er meinen interessanten Reisebericht angehört hat. Er trägt zwar einen Rucksack, befindet sich aber nicht auf dem Camino, alldieweil er ihn noch gar nicht kennt. Vermutlich wird dieser Mensch später zu der Gattung der Nachtwanderer gehören, den wahren Künstlern des Camino, die mit Stirnlampen ausgerüstet auf diese Weise dem spanischen Lärm zu entkommen wissen. Das sind allerdings auch diejenigen, die dich mit rücksichtsvollem Rascheln, Knistern und Klicken ihrer Klettverschlüsse auch wecken werden, kurz nachdem du vielleicht gerade erst eingeschlafen sein wirst.

Im Gite Cambarrat in Argagnon empfängt mich Pièrre um sieben Uhr in der Früh wie ein alter Freund und lässt mich viele Stunden schlafen.

..noch 611 Kilometer bis Santiago de Compostela.

V Meseta und Kathedralen

Logroño – Astorga

4.–26. Juli 2008

Startprobleme

Anreise und Start gestalten sich diesmal ausnehmend beschwerlich. Der mit viel Wartezeit verbundene Flug soll mich über Madrid nach San Sebastian führen. Zu meinem Verdruss entdecke ich aber in Madrid, dass eine Direktverbindung nach Logroño existiert hätte – ein Ergebnis inkompetenter Reiseberatung. So bin ich aufgrund später Ankunft zur Übernachtung in San Sebastian gezwungen. Am nächsten Morgen wird dann ein Bus nach Logroño gefunden. Dort endlich Ankunft am Startpunkt meiner Etappe – allerdings in der Mittagshitze. Aus dieser Großstadt herauszukommen, erweist sich als äußerst mühsam. Die Markierungen, die hier als gelbe Pfeile auf Bäumen oder dem Boden erscheinen sollen, bleiben lange unauffindbar, es kennt sie nicht einmal jemand. Immerhin bekomme ich schon einmal mehrere über dem Ebro kreisende Störche zu Gesicht.

Bis zur ersten Station in Navarrete sind nur zwölf Kilometer zu bewältigen. Aber nach dieser Strecke bin ich nicht nur völlig erschöpft, sondern habe auch heftige Schmerzen im gesamten Bewegungsapparat. Ich klammere mich an mein schmales Lager im dritten Stock der bescheiden ausgestatteten Kommunalherberge. Durch den Flur hallen alle Geräusche aus den unteren Etagen wider. An die schnarchende Bettgesellschaft muss ich mich erst neu gewöhnen.

Verzweifelt und vergeblich kämpfe ich in der Nacht um Schlaf. Meine Beine müssen wild geworden sein, als ob alle Muskeln jucken. Die Luft scheint elektrisch geladen. Ein Gewitter bringt gegen Morgen etwas Abkühlung.

Ich kann mir unter diesen Umständen nur schwer vorstellen, mich am nächsten Tag wieder auf den Weg zu machen. Da ich mir meine Schmerzen nicht anders erklären kann, bringe ich sie mit den Wandersandalen in Verbindung, die ich der Hitze wegen statt meiner schweren Wanderstiefel angezogen hatte. Am Gewicht des Rucksackes kann es kaum liegen, obwohl ich ihn nie mehr auf die Waage gestellt habe. Denn an das Tragen des Gepäcks scheint sich der Körper ein für alle Male angepasst und diese Erinnerung irgendwie bewahrt zu haben. Aber das Schuhwerk wechsele ich und habe seitdem keinen Grund mehr zur Klage. Offenbar bekommen nicht nur die Füße ein stabileres Haltesignal sondern der ganze Körper, wenn er unten in festem Schuhwerk steckt.

Die sechzehn Kilometer bis Nájera werden quasi kriechend zurückgelegt. Keine Ahnung, was auf dieser Strecke zu sehen gewesen wäre. Was habe ich mir angetan mit diesem Jakobsweg! Mich interessiert ausschließlich das Bett im Hotel, welches ich am Zielort anvisiert habe. Dort werfe ich nach üppigen fünfzehn Stunden Gesundungsschlaf meinen Vorsatz über Bord, täglich spätestens um sechs Uhr morgens aufzubrechen, um der Hitze zu entgehen. Seit diesem Tag habe ich mich morgens keine Minute früher als unbedingt notwendig erhoben. Allzu viel Planung erweist sich auf dem Camino immer wieder als Erlebnisbremse. Mir begegnet ein passender Spruch dazu:

Leben ist, was geschieht, während wir eifrig dabei sind, andere Pläne zu machen.

Störche im Flug – Kohlezeichnung

Spanische Zeiten

Es geht heute gegen Santo Domingo de la Calzada, dem Ort mit der einzigen Kathedrale der Welt, in der zwei lebende Hühner als Erinnerung an ein Wunder gehalten werden. Doch diese bekomme ich erst am morgigen Tag zu Gesicht, da die Kathedrale am frühen Abend schon geschlossen ist, während Geschäfte erst um diese Zeit öffnen. Ebenso pilgerfeindlich sind auch die Öffnungszeiten der Restaurants und Bars. Frühes Aufbrechen heißt oft Verzicht auf Frühstück, denn das morgendliche Gedränge in der Herbergsküche, sofern vorhanden, möchte ich mir manchmal ersparen. Mittags ist es im Restaurant für ein Mittagessen meist schon zu spät, abends wiederum prinzipiell zu früh zum Abendessen nach Wunsch. Geschlafen habe ich mal wieder schlecht. Der Grund diesmal: Ich war nicht müde. Vielleicht leide ich ja unter einer spirituellen Schlafstörung. Meine Stimmung immer noch gedämpft. Einer spontan verordneten Gemeinschaftsstimmung in der Herbergsküche habe ich mich verweigert und lieber alleine gegessen.

In Santo Domingo werden morgens die Gassen von emsigen Anwohnern auf Knien geschrubbt, schwarz getretene Kaugummiplaques eigenhändig mit Messern abgekratzt und Messinggeländer blank poliert. Als Pilger beeindruckt mich übertriebene Sauberkeit eher negativ. Meine Antipathie gegen die spanische Weigerung, sich eine Spur auf die Bedürfnisse der Pilger einzustellen, nimmt zu. Auf dem Straßenpflaster sitzt eine vor Schmerzen wimmernde Pilgerin mit einem bandagierten Knie. Ich helfe ihr, ein Taxi zu rufen und versuche, sie zu trösten. Sie wird ihren Weg nämlich vielleicht ganz abbrechen müssen.

Dankbar werde ich mir meiner noch ausreichend belastbaren Karosserie bewusst, obwohl sie mir schon bald sieben Jahrzehnte dient.
 Plötzlich ist ein konstantes Summen zu vernehmen. Da es mich begleitet, muss es aus meinem Rucksack kommen. Aber ich habe die aufblasbare Matratze doch gar nicht mitgenommen. Es hilft nichts- ich muss den Rucksack öffnen und auspacken. Als Quelle des Geräusches lässt diesmal meine elektrische Zahnbürste identifizieren.
 Das Museum neben der Kathedrale beglückt mit wundervollen bemalten Holzplastiken. Das weiße Federvieh in der Kathedrale hätte ich zu gerne gackern hören, weil dies Glück bringen soll. Es ließ immerhin ein leises Gurren vernehmen. Ob heilige Hühner auch heilige Eier legen? Ein Bibelzitat an der Wand bleibt in meinem Geist haften:

La palabra se hizo carne – *Das Wort ist Fleisch geworden.*

Der Tourist fordert – der Pilger dankt

 Die heutige Strecke nach Castildelgado fällt kurz aus, weil mein Weg erst am späten Vormittag nach Besichtigung der Kathedrale beginnen kann. Die Landschaft präsentiert sich lieblich mit dicken Wildblumenbüschen am Wegrand. Der Anblick mohngefleckter Felder begleitet mich. Unterwegs schaue ich bei der urigen Herberge Grañon in einem alten Kirchturm hinein: viel Atmosphäre mit einem Klavier im Gemeinschaftsraum und einem erhebenden Ausblick über sternförmig angeordnete alte Dächer vom Turm aus.

Der Hospitalero, ein ganz netter Franzose, trägt eine Muschel um den Hals. Nach dem Genuss eines erfrischenden Salates in der Bar setzte ich den Weg durch diese unschuldige, technisch noch nicht verschandelte Landschaft fort. Doch dann, mitten darin auf einer kleinen Anhöhe, erhebt sich plötzlich ein Riesenschild im Hochformat, das die Grenze zum nächsten Distrikt Kastilien-León markiert und den Camino als Besitz dieses Bezirks deklariert. Diese unbegreifliche Landschaftsschändung bringt mich auf.

Um den Massenherbergen zu entgehen, die in den bekannteren Orten zu erwarten sind, möchte ich nun Zwischenstationen ansteuern. Ich lande diesmal in einem unansehnlichen Hotel neben einem Megabusbahnhof, das man unpassenderweise *El Chocolatero* getauft hat. Auch dort schlafe ich mehr schlecht als recht. In der Nacht nehme ich mehrmals kalte Duschen, was aber wenig hilft. Ich werde mich mit diesem Dauerproblem irgendwie abfinden müssen in dem Sinne, dass es nicht so wichtig ist, wie viel Schlaf ich bekomme.

Unterwegs kreuzt Amy, eine griechische Amerikanerin mit deutschen Vorfahren, erstmals meinen Weg. Wir beobachten gemeinsam einige über uns kreisende Adler. Amy ist klein, äußerst lebhaft und beweglich, extrem mitteilungsfreudig, hochintelligent und hat ausgeprägt eigene Ansichten. Sie spricht mindestens fünf Sprachen. Wir sind etwa im selben Alter, was auf dem spanischen Camino, der hier vorwiegend von Teenagern bevölkert scheint, eine Ausnahme darstellt. Amy, immer dezent geschminkt, trägt abgesehen von mehreren Halsketten und baumelnden Ohrringen trotz der Hitze eine langärmlige Bluse mit einer dicken Weste darüber, weil sie immer friert. Sie führt einen violetten Schirm gegen die Sonne mit sich. Ihr Haupt-Gepäck lässt sie transportieren, um sich täglich neu einkleiden zu können. Mit ihr

Mohnwiese

scheint ein ganzer Kleiderschrank zu reisen. An ihrer Umhängetasche baumelt eine gewaltige rote Trillerpfeife für etwaige Notfälle.

Die Begegnung mit diesem Original ist ein Erlebnis, abwechselnd erfrischend, entnervend und empörend. Eine Weile genieße ich die Unterhaltung mit einer Frau, die unter anderem als Hotelbesitzerin ein recht vielseitiges Leben geführt hat. Es gibt wenig, was sie noch nicht unternommen hat. Seitdem ihr Mann sie verließ, befindet sie sich auf Visionssuche für neue Aufgaben, um ihre unbändige Energie in sinnvolle Kanäle zu leiten. Von den Schweigeseminaren, an denen sie regelmäßig teilnimmt -schwer vorstellbar, wie sie solche überhaupt aushält- scheint sie bisher kaum profitiert zu haben.

Da Amy keinen Abstellknopf hat, erschöpft mich das Zuhören rasch, während mein gemächliches Tempo ihr zu langsam erscheint. Obwohl sie flotter zu Fuß ist als ich mit meinem kompletten Gepäck, zweifle ich nicht daran, dass wir uns nach der Trennung bald wiedersehen werden. Sie hat nämlich schlimme Füße mit etlichen unterschiedlichen Schmerzstellen, über die sie zwar pausenlos klagt, sich aber weigert, Rücksicht darauf zu nehmen. Und richtig kommen wir in der nächsten Herberge in dem Ort Villambistia wieder zusammen, wo Amy schon einen Schwarm deutsch sprechender Pilger um sich versammelt hat.

Beim gemütlichen Abendessen werde ich Gregor und seine Frau Adelheid kennenlernen. Gregor ist ehrenamtlicher Funktionär einer deutschen Jakobsgesellschaft und weiß eine Menge historisch Esoterisches über den Camino zu berichten. So erzählt er, dass dieser wegen der häufig anzutreffenden roten Vulkanerde als Kraftweg gilt. Angeblich soll er direkt unterhalb der Milchstraße verlaufen, was mir astronomisch nicht recht einleuchten will. Gregor lädt mich ein, zu Hause Kontakt mit einer solchen Gesellschaft aufzunehmen, denn diese könnte interessante Veranstaltungen anbieten. Perfektere Organisation des Camino erscheint mir persönlich nicht unbedingt wünschenswert. Denn dieser ist ein Erlebnis eigener Art, das nach Bedürfnissen verwöhnter Menschen geglättet, Wesentliches einbüßen und somit langweiliger werden dürfte. Auch als hochgefährlich kann der Camino kaum gelten. Selten habe ich mich sicherer gefühlt als hier.

Die Herberge an diesem wenig ansprechenden Ort weist zwar etliche kleine Mängel auf, die ein anwesender deutscher Ingenieur akribisch aufzählt: zu viele Hochbetten im Raum und aufgestellt, so dass man sie schwer erklimmen kann, keine Ablagemöglichkeit, kein Platz für die Rücksäcke, Toilettentüren schließen nicht, kein Klopapier, fehlende Haken in den Duschen, durch das ganze Haus hallendes Knallen der Türen etc. Er erwartet sich über jedem Bett eine Leselampe in Verbindung mit einer Augenmaske samt Ohropax. Auch Amy hat allerhand zu kritisieren. Das heißt, es wird insgesamt viel gemeckert.

Mir bleibt diese Herberge dennoch in erfreulicher Erinnerung. Der Schwiegersohn Ita des wortkargen Hospitalero hat mir nämlich die Peinlichkeit erspart, mir Geld leihen zu müssen. Im letzten Ort Belorado hatte sich der Zugang zum Geldautomaten als geschlossen erwiesen (siehe spanische Öffnungszeiten). Mit dem nächsten Automaten wäre aber erst mehrere Stationen später zu rechnen. Ich zögere daher mit meiner Anmeldung zum Abendessen, weil ich vielleicht mit meiner Barschaft haushalten sollte. Ita, ein fülliger junger Brasilianer, lächelt breit über alle silbrig blitzenden Zahnspangen. Es wird kein Problem geben, weil er gleich ohnehin noch einen Abstecher nach Belorado vorhat, um Fisch für das

Abendessen einzukaufen, und mich dorthin mitnehmen kann. Jetzt wird der Automat sicher geöffnet sein. Aber auch wenn ich kein Geld für das Abendessen hätte, würde Ita mich nicht hungrig lassen. Er ist erst wenige Monate verheiratet und Vater eines rosigen kleinen Jungen, den seine Mutter auf dem Arm herumträgt. Im Wagen unterhalten wir uns, wobei die Verständigung trotz seines portugiesischen Dialektes erstaunlich leicht gelingt. Ich spüre einen intensiven Strom von Herzenswärme, der von ihm ausgeht. Ita möchte alle Pilger glücklich sehen und tut sein Möglichstes. Ungeduldiges, anspruchsvolles Genörgel verletzt ihn. Amy, die ihm zahlreiche Extrawürste aufzutragen hat, kommandiert ihn herum wie einen ihrer Angestellten.

Begegnungen

Manche Wegstrecke erschöpft durch gewisse Eintönigkeit. Man hat hier übermäßig lange auf einer schnurgeraden Brandschneise durch einen Wald zu laufen. Der Weg wird erst dann wieder inspirierender, als er einem natürlichen Verlauf folgt. Sonne mit stetigem leichtem Wind, bestes Wanderwetter. Es wird nirgends zu heiß. Ab und zu kleine Steigungen. Den Hut an einem Brunnen ins Wasser zu tauchen, erfrischt wunderbar. Mein Kopf ist frei und leer, ich bin erfüllt von uneingeschränkter Zufriedenheit und fühle mich wunschlos glücklich.

In San Juan de Ortega wartet der Anblick einer romanischen Klosterruine. Dort haben sich Pilgermassen zusammengeballt, weil es wieder ein Restaurant zu erstürmen gibt. Ein ganzer Berg von Rucksäcken lagert vor dem Tor. Wer nicht telefoniert –das Pilgerhandy ist ein ebenso unentbehrliches wie absurd wirkendes Requisit- ruht im Schatten schlafend aus. Natürlich treffe ich wieder auf Amy. Sie schlägt vor, uns in der Herberge in Agès zu verabreden.

Bei Atapuerca soll ein gemeinsamer Vorfahre von Homo sapiens und Neandertaler gefunden worden sein. Die Ausgrabungsstätte liegt aber so weit ab vom Weg, dass ich von einem Besuch bei diesem ältesten Europäer absehe. Die letzte Strecke durch anmutige Landschaften, lege ich in Begleitung zweier junger Pilger zurück. Der eine ist ein koreanischer, der andere ein spanischer Student, dessen Knie so mitgenommen ist, dass er nur mühsam humpeln kann. Er erläutert mir anschaulich das Ausmaß der Austrocknung seines Landes. In seinem Heimatdorf gibt es einen Fluss, der zu Hannibals Zeiten noch schiffbar war und heute auf ein winziges Rinnsal geschrumpft ist. In sämtlichen Flüssen, die wir bisher überquert haben, flossen nur kümmerliche kleine Bächlein in riesig breiten steingefüllten Betten.

In Agès finden sich nebeneinander gleich zwei große neue Herbergen, die wohl vom selben Besitzer betrieben werden. Hinter einer Bar mit Restaurant wurde jeweils ein geräumiger Anbau errichtet mit riesigem Schlafsaal und viel Platz für jeden Pilger und seinen Sack, einem freundlichen Gemeinschaftsraum, der auch Gelegenheit zum Alleinsein bietet, ausreichend Toiletten und Duschen auch speziell für Behinderte. Sogar Haken hat es in den Kabinen (extrem wichtig!), und es gibt einen eigenen mit Waschmaschinen ausgestatteten Waschplatz. Solche Extras sind recht bedeutsam für Pilger, die nach der Ankunft immer irgendwelche Wäsche zu erledigen haben. Der Schlafsaal wirkt zwar unpersönlich mit gelber Notbeleuchtung, bietet aber mit seiner Kühle und

Ruhe gute Erholung. Der Lärm aus dem angeschlossenen Bar ist hier hinten nämlich nicht mehr zu hören.

Im Freien nebenan findet ein gemeinschaftliches Abendessen statt mit Amy, Gregor und Adelheid. Man serviert uns die kalte Gurkensuppe Gazpacho, einen leckeren Chicorée-Orangen-Salat und Paella. Lediglich der Wein ist nicht im Preis inbegriffen, wogegen die Millionärin Amy sofort lauthals Einspruch erhebt. Mit uns am Tisch sitzt ein französischer Pilger nach einer erfolgreichen Nierentransplantation, der sich aufgerufen fühlt, den Jakobsweg nicht nur für sich selbst, sondern gleichzeitig für seinen unbekannten Organspender zu gehen. Es werden erstaunliche und sehr bewegende Geschichten erzählt, die Pilger persönlich erlebt haben. Adelheid leidet unter einer schmerzhaften Fußbehinderung. Verschiedene Ärzte haben ihr deswegen vom Camino abgeraten. Aber seit sie sich dennoch auf diesen begeben hat, geben ihre Füße Ruhe. Gregor findet, es sei mit dem Jakobsweg wie mit dem Jagen: Pilger gewinnen dadurch speziellen Erzählstoff.

Die Unterhaltung kreist um ein auch für mich interessantes Thema: den sogenannten Kerkeling-Effekt. Es heißt, es gäbe keinen solchen statistisch feststellbaren Einfluss des in viele Sprachen übersetzten Welt-Bestsellers dieses Autors auf die Pilgerzahlen. Was soll man von einer Statistik halten, die Offensichtliches nicht belegen kann? Man ertrinkt seitdem in augenfälliger Weise auf dem spanischen Jakobsweg in Massen von Touristen, die nicht nur durchweg jünger, sondern auch ganz anders motiviert sind als frühere Pilger: sie sind nämlich nicht auf dem Camino sondern auf ihrem Kerkeling-Pfad unterwegs. Ob dies auch so gekommen wäre, wenn der kabarettistische Pilgerpapst sein Buch unter Pseudonym veröffentlicht hätte? Die Einladung einer Jakobsgesellschaft, mit ihm über das fragliche Phänomen zu diskutieren, soll er ignoriert haben. Als Pilger wäre ich ihm gar nicht ungern begegnet. Aber mit dem absurden Erfolg seines Buches, das vermutlich nicht besser oder schlechter ist als andere zum Thema, hat er leider genau dieses Juwel beschädigt, das er zuvor für sich selbst entdeckt hatte.

Amy ist damit beschäftigt, freistehende Pflanzen zu gießen, was ihr unerlässlich dünkt. Dann tätschelt sie einen jungen Hund, der vor einem sehr proper wirkenden Laden angekettet liegt, bis sie damit dessen Inhaber verstimmt. Sie erzählt mir seufzend, nicht ohne Selbstironie- das macht sie mir dann wieder sympathisch- dass sie in Griechenland Hunderte streunender Katzen zu versorgen pflegt. Unter diesem Gesichtspunkt gebe ich ihrem neuesten Einfall, sich zur Hospitalera ausbilden zu lassen, wenig Chancen auf ein befriedigendes Resultat. Gregor kennt dieses Amt aus eigener Erfahrung und hat die Beanspruchung durch schwierige Pilger auf Dauer schwer erträglich empfunden. Amy hätte in diesem Job unter Umständen Typen wie sich selbst in Vielzahl auszuhalten.

Der Inhaber des kleinen Lebensmittelgeschäftes, das leckeres braunes Brot und ein besonders frühes Frühstück anbietet, ist ein Deutscher, der durch seine ausgeprägte Übellaunigkeit auffällt. Alle seine Antworten kommen irgendwie verquer. Er muss ziemlich unzufrieden sein. Amy und ich sinnen seinem Problem gemeinsam nach. Denn ein besonderes Engagement dieses Mannes ist nicht zu übersehen, das sich in vielen Details offenbart, mit denen er seinen Laden ausgestattet hat. Vielleicht ist er vom Ergebnis seiner ganzen Unternehmung enttäuscht. Er mag erwartet haben, ein anderer Mensch zu werden, wenn er sich solchen Arbeitsplatz ganz nach eigenem Gusto schafft: vielleicht jemand, der gerne kommuniziert. Und dass die Leute, die er mit seinen optimalen Angeboten beschenkt, auch andere wären, die er leichter mögen könnte. Beides scheint nicht eingetreten zu sein. Sein Angebot wird zwar genutzt, aber als selbstverständlich hingenommen. Seine Kunden, mit denen er sich unterhalten muss, gehen ihm offensichtlich auf den Geist. So kann es kommen, wenn man Lebenspläne realisiert, ohne sich selbst zu kennen.

Amy wirkt nachdenklich nach dieser Begegnung. Sie will mich bewegen, in Burgos ein Doppelzimmer im Hotel mit ihr zu teilen – um Geld zu sparen. Das habe ich mir über Nacht freilich anders überlegt. Wenn schon Hotel, dann Einzelzimmer. Bloß nicht in einem Zimmer mit Amy eingesperrt. Wir haben uns für Burgos lediglich im selben Hotel verabredet.

Im Gebirge der Kathedrale

Es geht bergauf durch eine wilde und einsame Landschaft, in der viele Pilger im Vorübergehen im Laufe der Zeit Steinchen für Steinchen ein großes Erdlabyrinth geschaffen haben, das ich um meinen Beitrag erweitere. Derartige spontan entstandene Denkmäler berühren. Später begegnet mir als witzige Wandzeichnung die originelle Vision eines futuristischen Pilgers mit Hightech-Ausstattung und in den Wanderstab integriertem Navigations-Handy. Der bärtige Wanderer keucht unter der Last seines aus allen Nähten platzenden, übergewichtigen Rucksacks, schweißtriefend auf dem letzten Loch – dem Gepäck entquillt als unentbehrliches Kulturgut unter anderem ein Bügeleisen –geleitet von dem einzigen Traum: nach der Ankunft endlich nichts mehr zu tun, nur noch dazusitzen und das Nichtstun zu genießen. Kurz darauf treffe ich in einer Bar eine solche Gestalt in vivo. Ein junger Ungar hievt mit unendlich behaglichem Grunzen beide Beine auf zwei Stühle, während er sich ein überdimensionales *bocadillo* in den aufgesperrten Rachen schiebt. Wir wissen beide, worüber wir lachen. Nie ist das Leben schöner, als wenn du gerade etwas Schweres bewältigt hast.

Am Ende der heutigen Strecke kündigt sich die Großstadt Burgos durch ausgedehnte öde Industrieanlagen an. Ich erspare mir einen ermüdenden Asphaltmarsch, indem ich einen Bus nehme. Dann quartiere ich mich am Rande der Altstadt von Burgos in dem von Amy ausgesuchten Hotel ein. Sie wollte zwar aus Prinzip keinen Bus nehmen, dennoch ist sie schon vor mir eingetroffen, muss demnach nahezu geflogen sein. Obwohl sie einige Zimmer von dem meinigen entfernt logiert, höre ich sie telefonisch lautstark Befehle erteilen.

Burgos hat keine Kathedrale – es ist dieselbe. Sie thront wie ein gewaltiges Gebirgsmassiv im Herzen der Altstadt und erschlägt ihren Betrachter zunächst mit ihren Ausmaßen. Sie lassen die Macht der Institution Kirche spüren. Ich treffe Gregor mit seiner Frau, und wir trinken ein Bier zusammen im Angesicht dieses architektonischen Dinosauriers. Die Minarette des Kreuzgangs zeigen mozarabische Einflüsse. Die lichterfüllte Kuppel im Inneren wird mir zum Erlebnis. Der Santiago Matamoros der Jakobskapelle, der mit seinem Schwert Mohammedanerköpfe vom Altar rollen lässt, hinterlässt freilich einen fragwürdigen Eindruck. Wie dürfte dieses Bild wohl auf einen frommen Moslem von heute wirken? Auch die Begleitmusik, der Besucher der Kathedrale nicht entkommen können – *Auf in den Kampf, Torero* aus der Oper Carmen – befremdet ein wenig.

Tiefer beeindruckt mich dagegen das Kunstwerk eines modernen Pilgers aus Bronze auf einer Bank vor der Kathedrale, der sich geduldig mit Touristen im Arm fotografieren lässt. Er wird mit einem Körper dargestellt, der eine einzige Wunde ist, und so als für die Menschheit leidender Christus gezeigt. Ich bezweifele allerdings, dass der Künstler diesen Weg selbst gegangen ist. Sonst müssten ihn lustvolle Aspekte der Erfahrung eigentlich mehr beschäftigen als ausschließlich leidgeprägte. Es macht mir aber Freude, den gequälten Bronzepilger zu zeichnen.

In dieser Stadt möchte ich einen Tag Pause einlegen, wobei ich auch im Sinn habe, auf diese Weise Amy abzuhängen. In einem Restaurant lasse ich mir eine *morcilla* schmecken, gebratene Blutwurst mit Graupen, eine hiesige Spezialität, die allerdings sehr durstig macht. Am nächsten Morgen erwartet mich an der Rezeption als Nachricht von Amy, dass auch sie einen Tag zu pausieren gedenke. Wir verabreden uns zum Abendessen. Die Altstadt von Burgos mit ihren *miradores* genannten Glaserkern an den Häusern ist trotz des bedeckten Wetters prachtvoll anzuschauen. Es ist die Stadt des mittelalterlichen Nationalhelden *El Cid*, der im Kreuzritter-Kostüm als Reiterstandbild daherkommt. Es gelingt mir, in einem Sportgeschäft eine neue Trinkvorrichtung zu erstehen. Denn das Mundstück meiner alten ist verloren gegangen, und mit einer Flasche will ich mich nicht belasten. Zwei Geldautomaten verweigern wieder einmal die Annahme meiner EC-Karten, bis sich ein dritter endlich zugänglich zeigt. Mit solchen Behinderungen ist eben zu rechnen.

Kathedralenkuppel in Burgos

Am Abend treffe ich mich mit Amy in einem Restaurant. Um zu sparen, isst sie nur eine Suppe, von der sie aber nicht satt wird. Ihre Füße tragen sie nicht mehr. Die neuen Schuhe, die sie in Burgos gekauft hat, sind nicht besser als die alten, sie drücken sogar noch mehr. Die Kathedrale hat Amy gar nicht besichtigt. Die vielen dort bestatteten Toten stoßen sie ab. Ich staune über so viel kulturelles Banausentum, amüsiere mich aber gut mit Amy an diesem Abend. Sie ist eine durch und durch ehrliche Haut mit unerwartet viel Selbstkritik, auch wenn diese keine praktischen Konsequenzen zeitigt. Unter ihrem Alleinsein leidet sie – wohl weil ihr auf Dauer keiner zuhört – und kann nicht begreifen, weshalb ihr Mann sie langfristig nicht aushalten konnte. Wo er sie doch jetzt täglich anruft und sich nach ihrem Befinden erkundigt.

Amy scheint mir ein Beispiel für jemanden zu sein, der kaum Leid aus Eigenerfahrung kennt, aber trotzdem leidenden Menschen unbedingt helfen möchte. Es ist ihr nach eigener Aussage im Leben immer gut gegangen, sie hat alles erreicht und bekommen, was sie wollte. Auf mich wirkt sie als echte Amerikanerin, die alle Probleme für lösbar hält, fast tragisch in ihrem Selbstmissverständnis. Morgen will sie – Füße hin, Füße her – in aller Frühe ohne Frühstück aufbrechen, um dreißig Kilometer Strecke zu bewältigen. Doch vorher gibt sie noch eine Sondervorstellung an der Rezeption. Wahrlich keine arme Frau, veranstaltet sie dort einen Riesenaufstand, weil das Transportunternehmen, das ihr Gepäck befördern soll, wegen des heutigen Sonntags einen kleinen Aufpreis verlangt. Dem bedauernswerten Angestellten stehen Schweißperlen auf der Stirn. Seltsamerweise können sich offensichtlich viele Menschen nicht gegen eine solche Amy wehren. Mag sein, dass sie durch ihre

Winzigkeit wie ein Kind Beißhemmungen auslöst. Jedenfalls werde ich wiederholt Zeugin, wie sie den Leuten ziemlich dreist auf der Nase herumtanzt. Bei mir hat sie bisher nicht versucht, damit etwas zu erreichen. Vielleicht hängt sie deshalb an mir. Die Sympathie ist auch irgendwie gegenseitig – mit Einschränkung.

In der Meseta

Es dauert Stunden, bis ich am Morgen weiterführende Muscheln oder gelbe Pfeile entdecke. Polizisten erzählen mir, es gäbe hier massenhaft solche Zeichen, können mir aber kein einziges zeigen. Endlich treffe ich ein junges spanisches Pilgerpaar, das aus einer der Herbergen kommt, mit dem wir gemeinsam fündig werden. Die Frau tituliert mich als *extranjera,* was mich seltsam anmutet. Denn ich habe eher die Empfindung, dass Pilger auf dem Camino international-exterritorial sind. Zweifellos europäisch, liegt er hier eben zufällig in Spanien. Eigentlich gebärden sich eher die Spanier als Ausländer des Jakobsweges, wenn sie sich als dessen Inhaber geltend machen. Dies dokumentiert sich für mich aufdringlich in diesen gigantischen, gänzlich entbehrlichen und grottenhässlichen Schildern, die die Landschaft überall verunzieren. Abgesehen davon, dass massenhaft EU-Gelder damit verschwendet worden sein dürften, haben sie nichts weiter mitzuteilen, als die Namen jeweiliger Verwalter eines Streckenabschnittes. Vor jedem Ortseingang sind solche identisch nichtssagenden Denkmäler anzutreffen, ebenso

Landschaft in der Meseta

in regelmäßigen Abständen neben Entspannungs-Areas, wo sie auf morgens zu kalte und mittags zu heiße Betonbänke hinweisen. Das absurdeste Monument, an dem ich vorbeigekommen bin, bestand aus drei Betonsesseln, auf denen man weder sitzen noch liegen konnte, mit jeweils einem kleinen Kiesbänkchen davor. Als Kunstwerk zum Thema Sinnlosigkeit wäre es diskussionswürdig gewesen – in Einzahl. Derartige Themen gehen mir auf meiner Wanderung durch den Sinn, während meine Beine als selbständiger Marschierapparat arbeiten. Das Wetter ist ideal und die Stimmung prächtig.

Bei meiner Ankunft in Hornillios del Camino erheben sich Zweifel in mir, ob ich hier eine Unterkunft finden werde. Bis zum nächsten Ort wäre es mir zu weit für heute. Woher plötzlich so viele Pilger kommen, ist kaum verständlich, denn unterwegs waren sie unsichtbar. Zum Glück ergattere ich doch noch einen Platz in einer Herberge, indem ich einfach hineingehe und das letzte freie Bett belege. Unter mir schläft der Sohn eines rührend um ihn besorgten spanischen Vaters, der ein rotes T-Shirt mit dem Bild eines imposanten Toros trägt. Sie bewegen sich auch so laut wie Stiere. Beide sind per Rad unterwegs und imponieren eher als Sportler. Überhaupt nehmen die Radfahrer zahlenmäßig überhand. In dieser Herberge, in der sich wieder einmal weder Duschen noch Toiletten verschließen lassen, übernachten hauptsächlich Jugendliche. Mehrere englische Mädchen sitzen auf dem Straßenpflaster vor der Herberge und epilieren ihre Beine. Ich schlafe nicht schlecht, obwohl ein Knie im Liegen leicht schmerzt.

Pilgerschlange nach Castrojériz

Es geht durch Getreidefelder, die sich bis zum Horizont erstrecken. Manche sind schon abgeerntet, auf den anderen steht das Korn noch als von einem leichten Lüftchen bewegtes goldenes Meer. Ab und zu lockert ein schattiger Hain das Bild auf und bringt dunklere Töne in die sonnenhaft strahlenden Farbflächen. Der Weg – er scheint hier authentisch zu sein- ist ein Hochgenuss. Mein heutiges Ziel nennt sich Castrojériz und erweist sich als so malerisch wie der klangvolle Name. Es ist eine kleine mittelalterliche Siedlung, die sich hochromantisch an einen Berggipfel anschmiegt, überragt von der gezackten Silhouette einer Burgruine.

Beim Ankommen oft zu erschöpft, um überhaupt nach Alternativen Ausschau zu halten, greife ich meist schon bei der ersten Unterkunft zu. Hier finde ich ein Hostal vor, Mittelding zwischen Herberge und Hotel. Ich leiste mir, besorgt um meinen Schlaf, ein Einzelzimmer. Vor dem Ausruhen möchte ich einkaufen gehen. Es resultiert ein stundenlanger Fußmarsch in brütender Nachmittagshitze auf der Suche nach der einzigen Einkaufsgelegenheit im Ort, einem nicht auffindbaren Supermarkt. Die sicher sehenswerte Kirche ist wieder einmal geschlossen wie alles andere auch. Das reizvolle Städtchen wirkt ausgestorben. Einfach schade. Mit Mühe finde ich wenigstens zu meinem Hostal am Ortseingang zurück.

Das Einzelzimmer hat sich gelohnt. Denn in dieser Nacht schlafe ich ausnehmend gut. Am nächsten Tag erwartet mich eine besonders reizvolle Wanderung. Es geht zunächst steil bergauf bis zur Hochfläche der Meseta. Von dort oben ist von weitem eine unendlich lange Pilgerschlange zu erkennen. Wieder wogende Felder, soweit das Auge reicht, und bestes Wanderwetter. Unterwegs überholen mich Schnattertruppen von Schulmädchen in Badelatschen und keuchende

Radlerbrigaden. Hier bin ich lieber allein unterwegs als in einer Gesellschaft, mit der es zu keinem Austausch kommt, weil man sich nichts zu sagen hat.

Mein heutiges Ziel heißt Fromista, das zwar eine bemerkenswerte romanische Kirche vorzuweisen hat, insgesamt aber übermäßig touristisch eingefärbt ist. Öffnungszeiten werden gnadenlos eingehalten. Die Herberge sieht von außen ansprechender aus, als sie sich innen erweist: der übliche überfüllte Massenstall mit unzureichenden sanitären Anlagen und einem ungewöhnlich missgelaunten Hospitalero. Daran allein liegt es aber nicht, dass ich in dieser Nacht kein Auge schließen kann, sondern an meiner sich ankündigenden Allergie gegen spanische Mücken. Das Einsprühen mit einem Antimückenmittel hat nichts genützt. Am meinem ganzen Körper tauchen juckende Flatschen auf. Am Morgen blickt mir bereits ein chinesisches Gesicht aus dem Spiegel entgegen. Ich komme nicht am Cortison vorbei. Zum Glück habe ich den Rest der Packung von meiner letzten Etappe mitgenommen.

Ich bin elend müde und ausgesprochen dankbar, als anderntags nach zehn Kilometern des langweiligen Eselspfades entlang der Asphaltstraße eine in meinem Führer noch nicht aufgeführte neue Herberge erscheint. Sie ist noch im Bau befindlich und sehr einfach gehalten. Aber die Betten sind breit und bequem, die Räume kühl, in der Küche alles vorhanden – und ich darf ganz allein hier tagsüber nächtigen. Die Unterkunft soll nicht einmal etwas kosten. Ich schlafe hier schamlos lange und tief, und wache nach einem wunderschönen Traum auf, in dem ich einen lieben Menschen treffe, den ich gerne wiedersehen würde. Meine Träume unterwegs wären überhaupt ein eigenes Kapitel wert. Manchmal setzen sie den Weg einfach fort und führen mich durch weitere wundervolle Landschaften. An der Wand hängt ein Spruch:

Lass die Hoffnung siegen über die Angst, lass das Vertrauen siegen über die Ungewissheit, und Deine Liebe wird siegen über Deine Zweifel (Hans Kruppa)

Heute fühle ich mich einer Strecke von dreißig Kilometern gewachsen. Sie verläuft weiter auf dem trostlosen Pfad neben der schnurgeraden Straße, der circa alle fünfzig Meter mit zwei absurden, durch das Muschelsymbol gekennzeichneten, Betonpfählen bestückt ist. Die Pilger sollen wohl genau zwischen diesen Pfählen hindurch marschieren, die ziemlich kostspielig gewesen sein dürften. Monsterschilder entlang der Straße weisen auf den Camino hin und zeigen, dass er auf diese Weise wohl für motorisierte Pilger zugerichtet werden soll.

Meine Wanderung wird zur Meditation über Umweltzerstörung und den Camino der Zukunft: mit Werbeschildern über Outdoorbekleidung, Hotelservice und Multifunktionshandys beidseits gespickt, Zugänge über Sicherheitskontrollen, Begleitung durch Militärfahrzeuge, alljährliche mediale Aufmerksamkeit für die Caminonaden in allen Altersgruppen, terroristische Untermalung. Die Pilger werden vermutlich Schutzhelme tragen und sich Dopingkontrollen unterwerfen müssen.

Parallel zum Asphalt

In Corrion de los Condes pilgere ich über den Markt und kleide mich dort im Vorübergehen neu ein. Denn meine alte Wanderhose fällt im Schritt tatsächlich bereits auseinander. Außerdem habe ich keine Lust mehr, wie eine desertierte Soldatin daherzukommen. Meine neue Hose ist weiß und meine Bluse kornblumenblau wie die Glasohrringe, die ich in Burgos erstanden habe. Ich finde saftige, reife Nektarinen und einen Kellner, der mir trotz unpassender Zeit einen Salat zu servieren bereit ist. In einer Kirche übt ein Organist für ein Orgelkonzert.
   In dem Kirchenmuseum von Santiago betätigt sich wieder der heilige Maurenschlächter auf dem Altar. Im Vorraum hängt ein alter Stich, der eine lange Pilgerschlange zeigt. So sind sie zu mittelalterlicher Zeit im Gänsemarsch hier durchzogen. Alle Pilger in langen dunklen Kapuzenmänteln, unter denen sie entsetzlich gestunken haben müssen. Ich erlebe mich mitnichten als Nachfolgerin solcher Büßerherden, sondern eher auf dem alternativen Weg einer Freude, die sich, allen Widrigkeiten zum Trotz, erstaunlicherweise immer wieder zu behaupten vermag.
   Die Landschaft wandelt sich zu einer Art Heide, Paramo genannt. Im letzten Abschnitt führt der Weg siebzehn Kilometer lang ununterbrochen geradeaus, in brütend schattenloser Hitze. Ich bin überaus glücklich über meinen ausreichenden Wasservorrat, den ich bis zum letzten Tropfen aufbrauche. Mehrfach überhole ich mich mit einem spanischen Vater und seinem halbwüchsigen Sohn, die beide schwarze, langärmlige Kapuzenshirts wie mittelalterliche Pilger tragen.

Wir machen uns gegenseitig Mut, indem wir uns mit Fingern anzeigen: noch neun - noch sieben - nur noch fünf Kilometer. Auf den Boden haben Pilger mit gelber Farbe aufgemalt: ANIMO (Mut!) - 7 km - BAR - PISCINA (Schwimmbad). Gute Hilfe zum Durchhalten.

Und tatsächlich bietet diese Herberge Calzadilla de la Cueza als Sahnehäubchen ein Schwimmbad an. Dafür gibt es hier aber keine Decken mehr. Niemals habe ich eine Erfrischung derart genossen, wie das Bad in diesem kleinen Becken, dessen Wasser ständig kühl gehalten wird. Danach klappern meine Zähne laut, weil ich plötzlich aus Erschöpfung friere. Aber wer sitzt dort neben dem Becken? Niemand anderes als Amy, deren wunde Füße ihr einen weiteren Pausentag aufgezwungen haben.

Ich kaufe beim Hospitalero als Pilgerandenken ein Kartenspiel mit verschiedenen Sinnsprüchen. Mit diesem Spiel unterhalten wir uns beim Abendessen im Hotel nebenan. Sämtliche Kellner und Servierrinnen wollen nacheinander eine Karte ziehen und scheinen sich ein Orakel davon zu erwarten. Ich muss jedem seinen Spruch ins Spanische übersetzen. Amy macht dem Geschäftsführer eine Szene, weil sie nicht genau diesen Fisch bekommt, den sie glaubt, bestellt zu haben. Vor allem aber, weil das Essen ein wenig mehr als vereinbart kosten soll. Der Hüne von einem Mann zieht es vor, sich über die Beschwerde zu amüsieren, und versucht, die Situation durch eine Umarmung zu entschärfen. Aber der Kellnerin stehen die Tränen in den Augen, nachdem Amy sie abgekanzelt hat. Ich schäme mich, weil ich nicht eingreife.

Romanisches Relief

In dieser Nacht schlafe ich wenig, diesmal weil ich deckenlos friere. Daher gönne ich mir Schonung und lasse mich am nächsten Morgen schon nach zwei Stunden Wanderung am späten Vormittag in Terradillios de los Templarios in einer einnehmend aussehenden Herberge mit angegliedertem Bar-Tienda-Restaurant nieder. Der Innenhof ist angenehm schattig, voll blühender Blumen und Springbrunnen, es gibt kleine Zimmer mit nur drei bis vier Betten. Der auf den ersten Blick so verlockende Ort erweist sich später als übler Missgriff. Denn die Zimmer sind oben nicht abgedeckt, sondern über einen offenen Dachstuhl akustisch und optisch miteinander verbunden. Von draußen dringen bis zum Morgengrauen lautes Gelächter, Kindergeschrei und Hundegekläff vom Restaurant hinein, dazu kommen dröhnende Tölpelschritte, die auf dem Gang auf und ab schlurfen, und ein Gemisch verschiedener Schnarchstimmen als dröhnender Widerhall im Gebälk.

Die beiden netten jungen Französinnen, mit denen ich das Zimmer teile, fangen vor dem Morgengrauen (vielsagender Ausdruck!) an aufzustehen, just als ich gerade eingeschlafen bin. Das allgemeine Getrampel setzt sofort wieder voll ein, die Deckenbeleuchtung wird andauernd ein- und ausgeschaltet. Es lohnt nicht, liegen zu bleiben.

Unterwegs begegnen mir jetzt viele, meist verfallene Lehmhäuser in den Dörfern. Dieses urtümliche Material ist der bevorzugte Baustoff hierzulande. Ich durchquere Sahagun, wo alles Sehenswerte sich als geschlossen erweist, und lande am Tagesende in Bercianos de Real Camino, einem öden Ort mit einem ebensolchen Hotel. In dem finsteren Gastzimmer hängen ein Biedermeierkronleuchter, ein ultramoderner überdimensionaler Flachbildschirm und ein Haufen fernsehender Spanier herum. Zusätzliches Gebrüll aus einem Radio. Bei der Hitze tut es gut, televisorisch am Feuchtleben eines Otters teilzunehmen. Zum Abendessen müssen die Pilger nebenan in dem offiziellen Speiseraum Platz nehmen, wo die Klimaanlage so scharf eingestellt ist, dass einem die Haare zu Berge stehen. Der Kellner im Adidaskostüm betet den wenigen Gästen eine lange Speisefolge vor. Es kränkt ihn offensichtlich, dass meine Bestellung auf eine Fischsuppe beschränkt bleibt.

Neben mir speist ein kubanisch-brasilianisches Paar. Ich halte die zierliche Frau des Mannes zunächst für seine Tochter. Sie bemitleidet mich, weil ich ganz alleine unterwegs bin, betrachtet mich deswegen wohl als hilfsbedürftig. Ein deutsches Pilgerpaar gibt sich distanziert. Man ist im Hotel. Da ist es üblich, sich abzugrenzen.

Wenn die letzte Nacht durchlitten wurde, erlebe ich hier den ultimativen Albtraum. Die akustischen Eigenschaften des Hauses, der Resonanzfähigkeit einer Konzerthalle würdig, übertragen die Geräuschproduktionen einer ausgedehnten spanischen Familienfeier in der Gaststätte in allen Details. Es werden Witze erzählt, von denen ich jedes Wort verstehe, aber nicht darüber lachen kann. Ohropax hilft bei mir nicht und juckt nur in den Ohren. Das Betttuch rutscht auf einer Plastikunterlage hin und her. Ein Hinweis darauf, dass hier wohl mit inkontinenten Gästen gerechnet wird.

Weiter geht es wieder permanent geradeaus neben der Asphaltstraße auf einem mit weißem Kies bestreuten Weg. Die ihn säumenden mageren Jungpappeln, werden erst in einigen Jahren Schatten spenden können. Die Helligkeit des Untergrundes lässt meine Augen tränen. Meine Nase läuft, und meine beiden Wanderstöcke verfangen sich ständig im hohen Gras neben der schmalen Trampelspur. Es gibt nichts zu sehen.

Santiago Matamoros in Corrion de los Condes

Die einzige Abwechslung stellen regelmäßig auftauchende Betonbänke und zu überquerende Wasserläufe dar. Sie bieten mir Gelegenheit, meinen Hut anzufeuchten, und meine Füße zu baden. Dazu muss ich freilich einen abschüssigen Hang hinab turnen und dort einen stabilen Sitzplatz finden. Vorüberkommende Pilger wundern sich über meine Gelenkigkeit. Ich genieße beim Fußbad Reste aus meiner Proviantabteilung. Die Nektarinen halten sich auf dem Wassersack wunderbar frisch. Es ist sehr einfach, glücklich zu sein. Gründe braucht es dafür keine.

Das heutige Ziel nennt sich Religios. Die beiden Dormitorien der dortigen Herberge haben gewaltige Ausmaße, Platz ist Mangelware. Obwohl auch die Qualität der sanitären Anlagen schwerlich zu unterbieten ist, hat der Ort Atmosphäre. Das mag an dem freundlichen Leiter liegen, der jeden Ankömmling mit einem kühlen Trunk aus einer Tonflasche erfrischt. Ein junger Deutscher, mindestens zwei Meter hoch gewachsen mit aufgesprungenen Lippen, musste an diesem Tag sechsundvierzig Kilometer zurücklegen, davon den größten Teil ohne Wasser. Er hatte zu früh seinen gesamten Vorrat ausgetrunken, und ihm begegnete niemand, der hätte helfen können. Jeder müsse verrückt sein, der sich auf diesen Camino begibt, meint er. Ich schenke ihm zum Trost meine letzte Nektarine.

Ein sogenannter Supermarkt befindet sich in der Obhut einer vielbeschäftigten Großmutter, die seit Stunden von ihrer Tochter vergeblich zurückerwartet wird. Die Tochter kennt die Preise nicht. Deswegen muss sie die hungrigen Pilger ständig abwimmeln, die wie eine Schar verlotterter Katzen aus allen Ecken angehumpelt kommen und das Geschäft belagern. Endlich trifft die Inhaberin ein, küsst außer Atem ihre Enkel ab, dann dürfen wir endlich zuschlagen.

In der Herbergsküche lasse ich mir eine Tütensuppe schmecken, auf die ich mich seit Tagen freue. Mein Wäschegeschäft habe ich rasch erledigt und genieße dann das Dösen am späten Nachmittag. Ich habe ein unteres Bett belegt und kann von dort aus beobachten, wie sich andere Pilger auf ihrem Lager einrichten. Neben mir hat sich eine junge Polin niedergelassen, die ihren gesamten Rucksackinhalt ausgepackt und in unzählige Einzelteile zerlegt auf ihrem Bett verteilt hat. Danach verschwindet sie für Stunden und kehrt erst im Dunkeln zu ihrem Lager zurück. Ich fürchte schon, dass sie mich jetzt mit dem grellen Licht ihrer Stirnlampe noch ewig belästigen wird. Aber sie ist sehr rücksichtsvoll und räumt ihre Habseligkeiten im Finstern raschelnd in den Sack. Im Streiflicht sehe ich, dass sie dabei eine Brille trägt, deren Sonnengläser sie hochgeklappt hat. Mit dieser Vorrichtung war sie auch unter der Dusche und scheint sich damit auch schlafen zu legen.

Es geht mir gut in dieser Nacht. Wenn ich dennoch wieder kaum Schlaf finde, liegt es daran, dass mich meine Nachbarin erheitert. Es kann tatsächlich auch vorkommen, dass ich aus Wohlgefühl nicht schlafen kann. Lange nach Mitternacht ertönt laute Marschmusik aus einem Handy, dessen Besitzer seelenruhig hier und jetzt ein ausgiebiges Telefonat zu führen hat. Es zieht, und ein unruhiger Schläfer nach dem anderen wandert Richtung Toilette und zurück. Gegen fünf Uhr beginnt meine Nachbarin, im Dunkeln aufzustehen, und knistert mit ihrem Kram herum. Aha, denke ich voller Respekt, sie will früh aufbrechen und hat wohl ihr Spezial-Packsystem gestern schon vorbereitet. Es stellt sich aber heraus, dass sie erst gegen acht Uhr als eine der letzten die Herberge verlässt. Bis dahin muss sie drei Stunden lang gefrühstückt haben – alles mit aufgestellten Sonnengläsern.

Die unerschöpfliche Variationsbreite unserer Spezies ist auf dem Camino hautnäher als sonst zu erleben. Seltsamerweise tragen gerade manche Zumutungen dazu bei, mich toleranter zu stimmen. Am Morgen macht es mir Freude, einen schlaftrunkenen Franzosen mit einem Tütchen Zucker aus meiner Sammlung für seinen Kaffee zu beglücken.

Unter Storchennestern

Die Ankunft in León zieht sich über Stunden hin durch vorgelagerte kleinere Orte, in denen die Türme überall mit zum Teil mehreren Storchennestern besetzt sind. Mit Hochgenuss raste ich an besonders hübschen Stellen und verspeise genussvoll meinen neuen Vorrat an Nektarinen, die zu Hause nicht annähernd ähnlich schmecken.

Kurz vor León führt der Weg an einem hohen Maschendrahtzaun vorbei, den Pilger in denkwürdiger Weise mit Halmen, Hölzchen, Stöckchen, Blumen, Kreuzen und Steinen quasi bestickt haben. Begrüßung an Léon und andere Pilger. Ich fabriziere einen Stern aus Gräsern und Blüten. Dennoch ist ein hässlicherer Zugang zur Stadt schwer vorstellbar: durch eine Rinne entlang der Autobahn, die in eine Müllhalde mündet, zuletzt eine Ewigkeit durch langweilige Vorstadtstraßen. Aber die Altstadt, in der sich die Touristen verlieren, verströmt südlich inspirierende Lebendigkeit. Ich finde eine ruhige, preiswerte Pension. Nach dem Umziehen freue ich mich auf ein großkalibriges Eis und die Besichtigung der Kathedrale.

Adobe-Häuser in Terradillos

Romanische Krypta von San Isidoro in León

Mit ihren großen, leuchtenden Glasfenstern kann sie es mit Chartres aufnehmen. Die romanische Krypta von San Isidoro bezeichnet mein Führer mit Recht als Sixtinische Kapelle der Romanik. Mir hat sie allerdings besser gefallen. Ich finde in einem Geschäft einige Andenken, unter anderem ein Shirt mit einer Jakobsmuschel, was ich ab jetzt tragen werde.

In einem Restaurant wird eine Paella mit schwarzem Reis angeboten. Da kommt jemand daher gehinkt, der mir bekannt vorkommt: meine Amy, deren Füße nach einem weiteren Gewaltmarsch, trotz eines zweiten Paars neuer Schuhe, so schmerzen, dass sie erneut eine Wanderpause einlegen muss. Ich soll ihr erklären, warum sie Blasen bekommt und ich nicht. Wir verabreden uns für eines Tages in Griechenland.

Im Laufe meines Weges empfinde ich Spanier zunehmend sympathischer. Ich habe aufgehört, den Weg in diesem Land ständig an meinen Erfahrungen in Frankreich zu messen, und alle spanischen Gewohnheiten durch meine kritische Brille zu betrachten. Der französische Teil erscheint mir rückblickend betrachtet wie ein romantischer Spaziergang durch ein Paradies. In Spanien bekommt das Pilgern einfach einen anderen Sinn. Wer will es den Anwohnern verdenken, dass sie den Pilgerstrom wirtschaftlich zu nutzen trachten? Wovon sollten sie sonst leben? Nach Wolfsart in eine Bar einfallende hungrige Pilgerrudel werden abgefertigt, wie sie es verdienen. Meine im Laufe der Wanderjahre erworbenen, dürftigen spanischen Sprachkenntnisse tragen schon jetzt erheblich zur besseren Verständigung bei. Am Temperament dieser Menschen habe ich Geschmack gefunden. Ihre lässige Lebensfreude ist mir sympathisch geworden, mir gefällt auch ihre betonte Würde. Kennen wir in Deutschland auch so etwas wie einfache Lebensfreude. Oder Würde?

Im Tourismusbüro erhalte ich Auskunft über Abfahrtszeiten des Busses von Astorga nach San Sebastian. Sie liegen so günstig, dass ich bis Astorga laufen kann, ohne meinen Abflugtermin zu gefährden. Die Preise für ein Hotelzimmer in San Sebastian erscheinen mir indiskutabel. Aber dort müsste es eigentlich auch Herbergen geben. Mein Zimmer in der Pension kann ich zunächst gar nicht wiederfinden und komme mir etwas dämlich bei meiner Suche vor. Es stellt sich heraus, dass das Haus Eingänge von verschiedenen Straßen her besitzt, die zu unterschiedlichen Etagen führen. Ich schlafe bestens in dieser Nacht.

Der Weg wird ab jetzt immer schöner und führt durch eine leicht gewellte Heidelandschaft voller summender Insekten auf einem alten Pilgerweg aus roter Erde durch den Paramo. Ich unterteile eine überlange Strecke durch Station in Villar de Mazarife. Vor dem Dorf treffe ich ein ganzes Feld voller Störche an. Die cleveren Vögel warten ab, bis auf dem Acker nebenan die Dreschmaschine das Kleingetier aufgestört hat, um sich anschließend auf diese Ernte zu stürzen. Ich bewundere den eleganten Flug dieser erhabenen Tiere, die sich hier besonders wohl zu fühlen scheinen. In dem winzigen Ort finde ich drei miteinander konkurrierende Herbergen vor. Die eine bietet als Extra ein Schwimmbad, die zweite eine Bar – solcher Missgriff soll mir nicht wieder passieren – die dritte eine Waschmaschine, und zwar ausdrücklich eine, die sowohl wäscht als auch trocknet. Ich entscheide mich für die funktionierende Waschmaschine und lasse mich mit einem heute besonders erwünschten Service beglücken: Für kleines Geld wird mir meine gesamte Wäsche sauber, warm, trocken und duftend zurückgebracht. Zu meiner Erleichterung hat sich die neue weiße Hose als einlaufresistent erwiesen. Die

Atmosphäre in dem kühlen Dormitorium erinnert an einen Krankensaal, in dem man nur leise flüstert und sich auf Zehenspitzen bewegt. Abends esse ich in einer Bar unter einem einmalig schönen mittelalterlichen Kirchturm, den drei Storchenpaare mit ihren Nestern eingenommen haben. Ich höre aus luftiger Höhe über mir mehrstimmiges Klappern. Danach schlafe ich himmlisch.

Weiter geht es durch den Paramo bis Hospital de Orbigo, wo eine berühmte alte Brücke zu sehen ist, die ihren Namen von einem Eselsrücken hat. In diesem Ort findet sich in der Parochialherberge die beste Unterkunft meiner ganzen Etappe, ein Traum besonders für ältere Semester. Alles bis ins winzigste Detail wirkt durchdacht und zeigt auf diese Weise, dass es von Menschen eingerichtet wurde, die den Jakobsweg selbst gepilgert sind. Nur solche wissen, was zu einer optimalen Dusche gehört: Platz zum An- und Ausziehen in Breite und Tiefe, mehrere stabile Haken für Handtuch sowie Kleider, damit sie nicht mitgeduscht werden müssen, Vorrichtung für Waschutensilien, zuverlässiger Kabinenverschluss und rutschfeste Kacheln. Die Hochbetten breit genug und aus Holz, nur drei bis vier Stück in einem Raum, die Matratzen nicht zu weich, zu jedem Bett ein Stuhl als Ablage.

Die Herberge befindet sich in einem sehr alten Gebäude mit inspirierender Atmosphäre. Der Hof mit ursprünglicher Pflasterung ist durch Torbögen in mehrere abgetrennte Bereiche unterteilt, so dass diese eigentlich große Herberge klein und intim anmutet. Überall gibt es Schatten, Blumen, Springbrunnen und die Möglichkeit, entweder mit anderen zusammen, oder auch für sich zu sein. In der Küche fehlt es an nichts, was Pilger gebrauchen könnten. Der Waschplatz ist geräumig, lange Wäscheleinen mit ausreichend vielen Klammern vorhanden. Ich schaue den Pilgern zu, die nach ihrer Ankunft in Ruhe ihren oft skurril wirkenden persönlichen Geschäften nachgehen.

Dann suche ich die Brücke auf, über die ich schon in den Ort eingewandert bin. Es ist ein Erlebnis, im Angesicht dieses gewaltigen Bauwerkes zu sitzen, das einst wohl für den Zusammenfluss zweier Ströme konstruiert war. Von den zwanzig Brückenbögen wird nur noch einer von einem schmächtigen Rinnsal durchflossen. Ich male die Brücke, die mich weniger an einen Eselsrücken als einen schlafenden Drachen erinnert. In dem Gästebuch der Herberge hinterlasse ich zum Dank einen fliegenden Storch. Plötzlich entdecke ich an meiner Hand einen neuen Mückenstich. Dieser wird mich in meinen letzten Tagen wegen des Rückfalls meiner Allergie noch beschäftigen. Diesmal versuche ich, ohne Cortison auszukommen, und nehme nur ein Antihistaminikum ein.

Die letzte Strecke dieser Etappe genieße ich intensiv. Es geht mehrmals hinauf und hinunter auf einem authentischen Pfad. Wieder auf zumeist roter Erde. Auf einer Anhöhe mit grandiosem Ausblick, erwartet mich ein letztes Pilgerdenkmal. Hier wurde von Pilgern ein visionärer Peregrino geschaffen und mit Rucksack, Hut und Lumpen bekleidet (s. Cover-Foto). Eine Kniebandage fehlt auch nicht. Sein Mantel ist beschrieben und bemalt –von mir mit einem Storch. In den Händen hält er außer seinem Stock etliche unentbehrliche Utensilien wie Ohropax und Nescafé. Sein Hut ist besetzt mit Wäscheklammern. Ich spendiere ihm eine leere Tube Zahnpasta. Mich entzückt diese Skulptur, und ich hoffe, dass sie ein zukünftiger Pilger noch mit einem unerlässlichen Zubehör ergänzen wird: einem ausgedienten Handy.

Storchenfeld bei Villar de Mazarife

Eselsbrücke bei Orbigo

Ausklang

Astorga erweist sich als mittelalterlich imponierende Stadt mit einer mächtigen Kathedrale und einem von Antonio Gaudí im Jugendstil gestalteten Bischofspalast. In einem Restaurant, das auch hier strikte Zeiten für bestimmte Speisen einhält, koste ich erstmals Froschschenkel. Auf dem Rückweg finde ich einen Seidenschal genau in der gesuchten Farbe. Zuletzt besichtige ich noch das Schokoladenmuseum und versuche dort angebotene Kostproben. In der Herberge teile ich mit zwei slowenischen Studentinnen das Zimmer. Sie fragen mich aus, ob ich meine Beine auch rasieren muss, wieso sie so viele Fußprobleme und welche Bedeutung ihre Träume haben. Die eine träumt immer von lautem Weinen. Vielleicht täte es ihr gut, überhaupt weinen zu können. Es wird eine recht gute Nacht.

Am nächsten Tag fahre ich allerdings doch nicht mit dem Bus, weil der sehr fürsorgliche Hospitalero für mich eine Herberge in Irun ausgekundschaftet hat, die neben dem Zugbahnhof liegt. Es gibt doch tatsächlich eine direkte Zugverbindung von Astorga nach Irun, nur wenige Kilometer von San Sebastian entfernt. Auf die Auskünfte eines spanischen Tourismusbüros baue ich besser nur unter Vorbehalt. Für die Zugfahrt habe ich mir eine leichte spanische Lektüre gekauft, die Legende von El Cid.

Gegen Abend komme ich in Irun an. Die Herberge liegt tatsächlich nur wenige Fußminuten vom Bahnhof entfernt. Beim Eintreffen finde ich eine Menschenmasse in einem Schuppen vor, die an langen Tischen mit Essen und Trinken den heutigen Geburtstag von Santiago feiert. Neben mir sitzt ein Franzose, der gerade aus Santiago de Compostela zurückkehrt. Er redet nur von vielen Kilometern und hat nichts von dem gesehen, was mir begegnet ist. Unsere Unterhaltung gestaltet sich dementsprechend mühsam.

Ich komme nicht dazu, meinen Schlafplatz gleich in Augenschein zu nehmen, weil ich zuerst mitfeiern muss. Vielleicht war das ganz gut, denn in dieser Herberge wäre ich kaum geblieben, obwohl im Umkreis keine andere zu finden war. Unter allem, was mir begegnet ist, erlebe ich hier einen Gipfel der Widerwärtigkeit, und sehe mich gezwungen, mich unter ekelerregenden Umständen einzurichten. Diesmal lässt mich Brechreiz nicht einschlafen, doch wache ich dennoch ausgeschlafen auf. Am Morgen erscheint eine Betreuerin, nicht um fehlendes Papier zu bringen, sondern nur um das Radio anzustellen. Der abstoßende Ausklang wird mir dazu verhelfen, mich mehr auf mein Zuhause zu freuen.

San Sebastian, die luststrotzende Stadt an der Atlantikküste, durchquere ich am nächsten Morgen im Eilschritt. Bevor ich meinen Flieger besteige, erstehe ich noch einen Fächer und esse am Quai ein letztes Eis. Ich kann mir vorstellen, eine spätere Etappe von hier aus zu beginnen, um vielleicht auch die nördliche Route zu erwandern. Letzteres ist zwischen dieser und der folgenden letzten Etappe 2009 tatsächlich geschehen. Allerdings habe ich diesen ältesten Zweig des Camino, den Camino del Norte, als recht enttäuschend empfunden. Er führte durch schöne Landschaften meist entlang der Küste, eine Art Allgäu mit Palmen und Kühen am Meer. Mir fehlte dort das Gefühl des lebendigen Pilgerstroms. Dort wanderten überwiegend Sportbegeisterte. So habe ich mich hier nur als Touristin erlebt (s. Abschnitt im Anhang).

---noch *249 Kilometer bis Santiago de Compostela*

VI Finale : alles ganz anders

Astorga -Santiago de Compostela
11.August-4.September 2010

Aufbrechen　　　　　　　Januar 2011 - Köln

Rückblende. Diesmal war alles ganz anders. Im Nachhinein hat mein letzter Aufbruch schon Monate vor der eigentlichen Abreise begonnen. Ich sehe mich vor genau einem Jahr in meinem Haus in Mettmann nachts gegen drei Uhr mit grippeschwerem Kopf und schmerzender Brust vor einem viele Stunden lang brennendem Kamin hocken, um Haufen alter Akten zusehen, wie sie zu Asche zerfallen. Die Augen tränend vom Qualm. Meditation über drei Jahrzehnte Leben. Was lohnt überhaupt mitzunehmen? Vorbereitungen zum ultimativen Umzug nach Köln sind seit Wochen im Gange. Während der Weihnachtstage habe ich mir eine bösartige Jahresendgrippe eingefangen, die mir jetzt Panik verursacht. Wie soll ich damit die anstehende Lebensveränderung bewältigen?

In den rauchend verglimmenden Ascheberg meines Lebens starrend, fasse ich einen Beschluss: Wir werden die letzte Etappe bis Santiago de Compostela doch nicht wie vorgesehen zusammen antreten, meine Tochter und ich. Ich weiß, dass Karoline dies zwar weiterhin möchte, aber ich nicht mehr. Nachdem ihr auf eigenen Jakobspfaden inzwischen ein passender Lebenspartner begegnet ist, empfände ich mich bei einer gemeinsamen Unternehmung zu dritt als fünftes Rad am Wagen. Vor allem aber werde ich mich mit meinen siebzig Lenzen mit ganz anderen Themen auf den Weg zur letzten Etappe machen als sie. Das passt nicht gut zusammen. Sich in einer bedeutsamen Erfahrung gegenseitig zu behindern, das muss man sich nicht antun. Während die Papierberge verglühen, beginne ich, zukünftige Atelierschränke neu zu streichen- in orange.

Pfeifende Bronchien begleiten noch wochenlang die gesamte Umzugsprozedur bei Wegwerforgien, unerwarteten Transportproblemen (allein mein Flügel), beim Ausräumen und Einräumen, tagelangem Schleppen unzähliger, tonnenschwerer Kartons treppauf, treppab, von einem Raum in den andern, Um- und Neueinbau. Das ging bis Ostern so nonstop. Unmengen von Keller- und Bücherstaub, Wolken von Schimmelsporen wurden inhaliert. Wiederholte stoßweise Stressüberflutung durch begleitenden widerwärtigen Ärger mit dem Hausnachfolger, gleich auch noch mit dem neuen Vermieter, sowie zusätzlich unlösbar erscheinende Installationsprobleme von Telefon und Internet. Alles dies gleichzeitig. Danach dieses anhaltend entnervende Suchen nach vielen Kleinigkeiten, die noch keinen festen, neuen Platz gefunden haben. Manch kostbare Utensilien, gerade besonders sorgfältig verpackte, sind bis heute unauffindbar geblieben. Nichts, absolut nichts hat im ersten Anlauf geklappt, das meiste erst im dritten oder gar nicht.

Eigentlich hätte ich zusammenbrechen müssen. Erstaunlicherweise wurde alles nicht nur irgendwie überlebt, sondern hat letztlich zu einem überaus befriedigenden Resultat geführt. Ich genieße mit Inbrunst die hellen, großen Räume meiner neuen Behausung, von deren Fenstern aus ich Tag und Nacht Schiffe auf dem Rhein vorübergleiten sehen kann. Selbst mein Kater hat sich wider Erwarten gut umgewöhnt und akzeptiert das spannende Fernsehprogramm am Fenster als ausreichenden Ersatz für sein eingebüßtes Freigängertum. Doch meine Bronchien haben sich bis heute nicht beruhigt, widersetzen sich hartnäckig der Akklimatisierung und attackieren mich das ganze Jahr über, in welchem ich überhaupt öfter krank gewesen bin, als je zuvor. Ein derartiger Umzug mit Haushaltsauflösung in fortgeschrittenem Alter ist keine simple Lebensveränderung. Er gleicht eher einer selbst durchgeführten Totaloperation ohne Narkose, für die es vielleicht sogar schon zu spät sein könnte. Das war es zum Glück bei mir nicht, doch vielleicht später als gedacht.

Um Ostern herum fange ich erstmals an, die neue Umgebung ausgiebiger zu erforschen. Zur Erheiterung meiner Tochter trage ich mit folgender Anekdote bei: Auf dem gesamten Jakobsweg blieb ich von Fußproblemen fast gänzlich verschont. Vom ersten Gang zum Bioladen in neuen Schuhen in Köln komme ich jetzt heim mit Blasen an beiden Füßen. Es folgen gehäufte Familienereignisse, die mich mehr erschöpfen als beglücken und von diversen Krankheitszuständen gefolgt sind. Karoline meint, dass ich mich dieses Jahr in so angeschlagener Verfassung keinesfalls wieder auf einen Jakobsweg begeben kann, und möchte mir mein Vorhaben ausreden. Ich selbst bezweifele aber keine Sekunde, dass ich mich auf den Weg machen werde. Und zwar in diesem Sommer oder nie, egal in welcher Verfassung. So kommt es dann auch.

Terminliche Zwänge führen noch dazu, dass ich ausgerechnet in der von mir alptraumhaft gefürchteten Jahreszeit abreise. In Köln nämlich beschert uns dieser Sommer auch in Deutschland derart extreme Temperaturen, wie sie bislang nur aus südlicheren Breiten gemeldet wurden. Es kann also nicht schlimmer als ohnehin unerträglich werden. Dass zusätzlich diesmal auch noch ein heiliges Jahr mit anzunehmendem Hochbetrieb auf dem Jakobsweg herrscht, spielt jetzt auch keine Rolle mehr.

Anders als bei früheren Etappen, habe ich diesmal zwar überhaupt keine speziellen Befürchtungen, allerdings auch keine große Lust, mich überhaupt aufzumachen. Warum ich trotzdem losfahre? Vielleicht aus einer Art Pflichtgefühl heraus, was nicht einmal die schlechteste Motivation sein muss. Ich will etwas beenden, das ich begonnen habe. Wobei ich mir gerade diesen letzten Abschnitt maximal unerfreulich vorstelle: superheiß, steile Anstiege bis an die Grenze meiner Belastbarkeit, grauenvoll überfüllt mit Kerkelingen – von manchen Pilgern so genannte Typen, die sie anderswohin wünschen – überquellend von religiösem Kitsch. Wie oft erzählt wird von Leuten, die diesen letzten Wegabschnitt unter keinen Umständen ein zweites Mal gehen möchten. Das wollte ich zwar auch nicht – aber aus einem anderen Grund.

Alles in allem hege ich diesmal also keinerlei positive Erwartungen. Schöner als die bisherigen könnte ich mir diese abschließende Erfahrung ohnehin nicht vorstellen, die ich einfach nur absolvieren will, weil sie halt dazugehört. Das Ziel hat mich während der fünf Jahre meiner Wanderung am wenigsten interessiert. Jetzt nehme ich es als unverzichtbaren Teil des Weges sozusagen in Kauf.

Anreisen

11.08.2010-22 h   Paris
                                          Gare d'Austerlitz

Sinnieren in nächtlicher Pause beim Aufenthalt bis zum Zugwechsel. Nun ist es soweit, wieder und ein letztes Mal. Und alles erscheint wie auf den Kopf gestellt. Es fühlt sich an, als ob ich zwar von Köln gestartet, dennoch von Santiago aus nach Hause zu fahren hätte. Noch ist dieses Jahr erst halb vergangen, in dem sich mehr verändert hat, als in den vergangenen drei Jahrzehnten. Nach langer Zeit der Vorbereitung bin ich dorthin gelangt, wo ich schon lange leben möchte. Und nun? Habe ich vergessen, was ich dort eigentlich wollte? Deshalb trete ich diese letzte Jakobs-Reise – anders als frühere Etappen – nicht mit einer Wunschliste für mich und meine Lieben an. Mit mir zusammen reist nur noch ein einziges Bedürfnis: ankommen, da sein, akzeptieren, was gewesen ist, hinnehmen können, was kommt. Nur einer, doch nicht gerade kleiner Wunsch.
Was soll schon kommen? Das Alter umschleicht mich halt in immer enger werdenden Radien. Fühle es deutlich nähergekommen in diesem Jahr des großen Wechsels. Bin leider nur wenig weiser geworden. Denn natürlich würde ich momentan fast alles darum geben, nochmal dreißig oder vierzig zu sein mit einer Chance auf einen echten Neuanfang. Dieser Wunsch ist mir peinlich, wodurch er sich aber nicht vermindert. Zweifel, wie ich diese letzte und vermutlich schwierigste Wegetappe meines Jakobsweges bewältige, wären diesmal berechtigt. Denn ich fühle mich seit Monaten schwach, kraftlos und müde, und leide öfters an Schlaflosigkeit. Es geht nur darum, wie ich diese

letzte Etappe hinter mich bringe. Von irgendwelcher Vorfreude kann keine Rede sein. Und warum überhaupt? Nur um einen begonnenen Weg zu beenden, also nur um eines Prinzips willen, aus Pflichtgefühl?

Es ist aber mehr. Mein Umzug hat mich mit zu vielem konfrontiert, was ich im Leben einmal begonnen und nicht zu Ende geführt habe. Diese gestrandeten Anfänge hängen mir noch nach. Zu viele schon vergessene Versuche haben mich aus der Asche angeschaut. Das Kaminfeuer brannte tagelang und hat dabei Jahr um Jahr vernichtet. Wozu das alles? Man kann nicht immer wieder von Neuem beginnen. Irgendwann wird es absurd, sich als unbeschriebenes Blatt zu betrachten. Ab da geht es um Vollenden, Abrunden und Ergänzen, bis hoffentlich ein Ganzes anstatt lauter Stückwerk erkennbar wird. Wenigstens dieses Projekt Jakobsweg will ich zu Ende bringen. Das zu meiner Motivation und zum Motto der Schlussetappe meines Camino. Entgegen früherer Absprache wird sie nicht gemeinsam mit meiner Tochter stattfinden. Manches kommt eben anders als geplant.

Die Abfahrt von Köln, diesmal wieder per Bahn, glich einer Flucht vor dem anhaltenden Waschküchenwetter dieses Übersommers, bei dem man ständig unter Wasser stand. Sehr müde, weil trotz Baldrian nur wenig geschlafen. Bis Paris entnervt von japanischen Großeltern mit zwei geräuschvollen Enkelzwergen. Das Mädchen abwechselnd kreischend und jaulend, der Junge ständig mit einem Computerspiel knatternd. Die Großeltern schienen zu genießen, wie ihre Sprösslinge auch mal andere Leute nerven. Ein riesiger Schwarzer mit außergewöhnlich schönem Gesicht führte seine gesamte Habe in einer offenen meerblauen Tüte mit sich. Deren Aufschrift *„Erwecke die Göttin in Dir"* berührte mich seltsam. Derzeit scheint dero Hoheit in mir noch tief zu schlafen. Ich möchte an meine Zukunft glauben können, dass es noch Sinn macht, sich zu engagieren. Trotz aller unbezweifelbaren Webfehler der Schöpfung, über die ich täglich stolpere.

In Paris eingetroffen, erfrischt mich sofort die Weltstadtluft. Gleich werde ich in den Nachtzug nach Irun einsteigen. Und da sehe ich sie auch schon in Horden, die Rucksackträger mit Tattoos und Rastazöpfen, mit Hunden und Gitarren. Manche Uniformen des freien Lebens sind schon sehenswert.

12.08.-6 h
Irun
Bahnhof Wartesaal

Die letzte Nacht erhält einen Stern, weil sie mir im Liegewagen einen erholsamen Schlaf geschenkt hat. Einen besseren sogar als zu Hause, dank eines sanften Schaukelns. Ich liebe die französische Bahn, die deutlich pünktlicher ist als die deutsche und großzügigere Beinfreiheit gewährt. In diesem Fall gab es obendrein ein nach Jasmin duftendes Klosett. Sehr nette und kooperative Mitschläfer im Abteil.

Und dann in Irun: keine Zugansage, zusätzlich eine offensichtlich falsche Auskunft. Ich frage prinzipiell immer mindestens zweimal. Hat diesmal nicht gereicht. Café geschlossen. Aber: Luxussitze aus massivem Holz in der Warteära. Das Paar mit der Rastawolle und dem Riesenhund aus Paris bekommt irgendwelche Probleme mit seinem Ticket. Wollen nicht klein beigeben und halten den ganzen Betrieb zwanzig Minuten lang auf. Neben mir demonstrieren zwei Deutsche konsequente ökologische Gesinnung durch Zubereitung eines selbstgemachten Müslis. Aus einer zerschnittenen Plastikflasche werden zwei Gefäße. Mir scheint, Nachfahren langhaariger Achtundsechziger geben sich diesmal ein Stelldichein auf dem Camino. Ein stattlicher Samson bürstet seine taillenlange Mähne und verteilt großzügig seine goldglänzenden Haare in der Umgebung. Die Rastafrau popelt verträumt vor sich hin. Der Rastamann kratzt sich freimütig im Schritt. Fühle mich plötzlich unfreiwillig deutsch. Der Blick einer Spanierin dagegen wirkt imponierend. Unter ihm scheint jeder Mann zum Bubi zu schrumpfen.

Später im Zug nach Astorga: ein Klo defekt, bei dem zweiten hat die Tür ein Problem. Doch drinnen befindet sich ein existentiell wichtiges Detail: der automatische Händetrockner. Guten Morgen Spanien mit deiner unglücklichen Liebe zur Technik! Irgendwann öffnet auch das Bistro, und es gibt nach Spülwasser schmeckenden Kaffee. Da massig Platz ist, suche ich mir einen mit mehr Bewegungsspielraum. Der Schaffner versäumt nicht, mich zu korrigieren.

Draußen pieselt es. Ich sehe ein Baskenland in grau-weiß und bin ganz guter Stimmung. Wenn auch alleine unterwegs, begleiten mich gute Gedanken von einigen Menschen. Sie alle, für die ich auf meinen ausgedehnten Jakobswegen ungezählte Wunschsteine an Pilgerkreuzen deponiert habe – ungläubig, bloß als Ritual – sind inzwischen ihren jeweiligen Idealpartnern begegnet.

Noch später: Müde. Zwei Technikerinnen haben an der WC-Tür gewerkelt. Jetzt ist sie zwar nicht mehr ganz verschlossen, öffnet und schließt dafür permanent selbsttätig, auch ohne Auslöser. Ein geistig Behinderter, der die Funktionsstörung nicht realisiert, betritt den Innenraum der Toilette und wird dabei eingeklemmt. Die Mitreisenden blicken gebannt in seine Richtung in Erwartung einer speziellen

Darbietung, die aber ausfällt. Stattdessen ertönt ein WC-Alarm, weil sich der Benutzer eingesperrt hat. Spanische Unterhaltung.

Apropos Alter: Dass wir sterben müssen, leuchtet mir ein, weil dem Leben sonst ein Motor fehlte. Ewiges Leben hieße Stillstand ohne Entwicklung, Tod garantiert uns den Prozess. Aber wozu altern? Mir kann niemand erzählen, dass er damit seinen Frieden gemacht hätte, dem eigenen langsamen Niedergang beiwohnen zu müssen. Wenn Tag für Tag mehr zu hängen beginnt, alles zusehends hohl wird, was gerundet gedacht war. Für Frauen fühlt sich das besonders heftig an, weil sich ihre Optionen drastischer reduzieren. Die alte Frau gilt per se als unattraktiv. Das war auch schon im Märchen so. Alte Weiber mögen sich gefälligst verstecken, wenn sie nicht mindestens so aussehen wie Iris Berben oder Senta Berger. Vielleicht sollten wir überhaupt eine freiwillige Burka für unjunge Frauen einführen. Unter diesem Sichtschutz könnte man sich sicher vor Nichtbeachtung fühlen.

Wie stellt sich die Gesellschaft vor, dass eine wachsende Mehrheit den eigenen Bedeutungsverlust widerspruchslos hinnehmen soll? Ohne Achtung vor dem Alter gibt es keinen Respekt vor dem Leben. Aber respektlose Liebe ist verletzend. Friede zwischen Alt und Jung hat so keine Chance, nicht nur wegen des Rentenproblems. Ich sehe gerne fröhliche, junge, optimistische Menschen wie in Indien. Deren Jugend empfindet Achtung vor dem Alter, und ich gönne ihr Glück und eine große Zukunft. Dort braucht kein älterer Mensch in einer Warteschlange zu stehen. Wenn ich meinem Enkel mit derartigen Sprüchen komme, ernte ich ein Hohnlachen.

Selbstbildnis in der Scheibe

Aus der dunklen Fensterscheibe glotzt mir finster eine fremde Äffin entgegen, die mir uralt vorkommt. Ihr Mund gleicht einer Zitrone. Ist das nicht sogar eine Jakobsmuschel an ihrem Hut? Draußen erstreckt sich als gigantische Neubauwüste das Massiv eines gähnend leeren Hochhausgebirges. Ein Greis schiebt sich an mir vorbei durch den Gang und hinterlässt penetranten Gestank. Auch das noch – man wird irgendwann stinken! Wie anmutig sich ein junger Mensch bewegt. Dagegen nimmt der alte Körper eine sack- oder schrankförmige Gestalt an, die prinzipiell bewegungsfeindlich zu sein scheint. Als ob das Leben ihn niedergewalzt und zusammengefaltet hätte.

Eine bärtige junge Frau in schwarzem Turndress, nacktbeinig mit rosa Turban und knallgelb verpacktem, dickem Rucksack vor der Brust. Schräg, wie manche hier aufkreuzen. Ich komme aus dem Staunen nicht heraus und nehme es als gelungene Darbietung mit Unterhaltungswert. Überall im Wagen sind viersprachige Aufschriften. Keine davon auf Französisch. Der ungeliebte Nachbar Spaniens war mir das Land der Freude und des Entzückens auf dem Chemin de St. Jacques. Immer fühle ich Dankbarkeit, wenn jemand mit einer Prise französischer Grazie den banalen Alltag schmückt. Spanien, das Land würdevollen Stolzes bei allen seinen Mängeln, soll für mich jetzt das Land des inneren Friedens werden. Weil es so unperfekt ist.

Wie ich die Langsamkeit des Weges sogar im Zug genieße. Niemals sonst käme es mir in den Sinn, einen ganzen halben Tag nur aus dem Fenster hinaus und in mich hinein zu schauen. Jetzt kommt wenigstens die Sonne heraus. Am Himmel schwimmen nun grauweiße Wolkenwale. Die alte Äffin in der Scheibe mit den Plisseefalten um den Mund, die ich sein soll, wird ganz jung, wenn ich lächele. Aber danach ist mir halt nicht immer.

12.8.-20 h					Astorga
						Herberge

  Der Zug hatte fast eine ganze Stunde Verspätung. Da diese überhaupt nicht angekündigt wurde, wäre ich um ein Haar schon in León ausgestiegen. Hier ist es ja weniger schwül als in Köln. Großes Glück in der sauberen Herberge: ich bekomme ein Zweierzimmer, in dem ich vielleicht sogar nachts solo bleiben kann. Das fängt gut an. Habe einige Einkäufe zu erledigen. Spare mir das immer viel zu späte Pilgermenü und werde früh ins Bettchen klettern. Freue mich auf meine leichte spanische Lektüre. Laut Herbergsmutter soll der bevorstehende Weg nicht halb so schwer werden, wie oft dargestellt. Alles bloß Angeberei. Gute Nacht aus der Stadt von Asterix.

Buenas noches

13.08.-8 h					Astorga
						Herberge

  Sehr gemischte Nacht durchlebt. Bekam eine junge, absolut dezente und für eine Spanierin ungemein stille Zimmergenossin, die ich kaum gesichtet habe. Abends gestern aus der Küche geflohen, weil sie überfüllt war mit vielen kochwütigen Jugendlichen, nur eine alte Frau am Spülstein. Kein Platz für mich. Sanftes Einschlafen, nach ein Uhr lange auf dem Oberbett wach gelegen, gefoltert durch ein grelles Neon-Deckenlicht, das sich selbsttätig jede halbe Stunde für zehn Minuten einschaltete. Zum Glück letztendlich trotzdem eingeschlafen nach tiefer Verzweiflung und Ringkampf mit dem Engel der Unzufriedenheit. Morgens im Waschraum kurze Begegnung mit dem Spiegelbild eines ansehnlichen männlichen Exemplars: durchtrainierter Bär mit weißem Stoppelbart und intelligent gefaltetem Gesicht. Weder Arbeiter noch Sesselfurzer. Bestimmt Einzelgänger, fest Verpaarte entarten meist ins Schlaffe oder Verkrampfte. Hier ist alles gut ausgewogen.

In der Küche Konfrontation mit neuerlicher technischer Funktionsstörung. Die beiden nagelneuen, supermodernen, freischwebenden Ceranplatten, auf denen gestern noch bis in die Nacht hinein gekocht werden konnte, sind selbst mit Anleitung nicht in Gang zu setzen. Der spanische Hausmeister will mir weismachen, die Herdheizung arbeite nur dann, wenn der Topfradius exakt mit dem aufgemalten Kreis übereinstimmt. Mag sein, aber ein passender Topf ist halt nicht auffindbar. Wenig überzeugend auch seine phantasievolle Interpretation der nächtlichen Lichtstörung: Die käme von der städtischen Stromzentrale und ließe sich daher nicht beheben.

Die deutsche Herbergsmutter lamentiert ausgiebig über unappetitliche Essensreste, die junge Leute ständig im Kühlschrank hinterlassen. Schenkt mir einen herrenlosen Ziegenkäse, den sie eigentlich wegschmeißen wollte. Sie findet es allerdings selbstverständlich, den Pilgern alle Putz- und Aufräumarbeiten abzunehmen. Na denn – viel Spaß damit. Ich kann mich an blitzsaubere Orte erinnern, an denen jeder seinen eigenen Dreck selbst beseitigen musste, weil es eben so üblich war. Entsinne mich an keinen Aufstand dagegen.

Mir gegenüber an dem riesigen Essenstisch sitzt ein belgischer Pilger mit heftigen Kopfschmerzen.

Die Herbergsfrau versucht, ihm seinen Bleibewunsch plus Tablette mittels spiritueller Belehrung auszureden: Fortsetzung des Camino werde ihn unfehlbar heilen. Doch der Ärmste ist schon seit Monaten bei Wind und Wetter mit Zelt unterwegs und braucht jetzt wirklich bitte einfach nur mal einen Ruhetag und ein Aspirin. Die Hospitalera knickt beschämt ein. Ich verehre ihm meinen Ziegenkäse zu seiner bröckelharten Weißbrotzeit – und er legt ihn zurück in den Kühlschrank.

13.08.–20 h   Rabanal de Camino
                               Herbergsrestaurant

Hatte ein super Startgefühl beim Aufbrechen und war wie immer augenblicklich im Fluss, als ob schon seit Ewigkeiten unterwegs. Leichte Luft und momentan absolutes Glücksempfinden. Der Weg verlief geradlinig auf ganzer Strecke als weißer Kiesweg parallel zu einem roterdigen Steinpfad und zur Autostraße. Ich bewegte mich lieber auf dem roten fort, fühlte mich dort wie mit Kraft aufgetankt. Tiefviolette bis dunkelorange Erde mit eingestreuten, opalisierend schimmernden Basaltsteinen, hellgrüne Gräser am Wegrand. Das erste Bild meines Weges. Der roterdige schien dem ursprünglichen Verlauf zu folgen. Diese insgesamt dreispurige Pilgerbahn Richtung Santiago dürfte eine Stange Geld gekostet haben. Wahrscheinlich eine Konjunkturspritze aus dem EU-Topf für eine Straßenbaufirma. Die Radler störte es nicht, dass aufgeschreckte langsame Fußpilger ihnen auf dem Wanderweg ausweichen mussten. Es zeigte sich ein weiteres Elektrizitätsproblem: Die Straßenlampen leuchteten den ganzen Tag über zusätzlich zur Sonne.

Steine auf dem roten Weg

Ein Duft nach sonnengetrockneten südlichen Wildkräutern lag in der Luft. Rechts erschien ein Monument spanischen Erfindungsgeistes: im Viereck angeordnete nutzlose Ruhebänke und Tische aus Beton an baumlosem Platz in praller Sonne. Das letzte Stück nach El Ganso in schattenloser Ebene ging an meine Substanz. Danach war eine längere Herbergssuche angesagt. Zwei Auberges, besetzt mit Jugendlichen und Radlern, keine Chance. Vorherige Telefonate zwecks Reservierung wurden abgewiesen oder übergangen.

In El Ganso vorhin eine sympathische, multilinguale ältere Französin getroffen. Wir gerieten sehr schnell in ein Gespräch über Schlafprobleme und deren seltsame Eigenheiten. Lasset die Schlaflosen zu mir kommen, denn ihren Ohren zuliebe wurde die Musik geboren. Aber meine Leidensgenossin ist nicht hier abgestiegen, sondern hat wohl ein besseres Quartier für sich gefunden.

Gut ausgeruht, ausgiebig geduscht und an meinem Bettplatz in der Herberge notdürftig arrangiert, sitze ich momentan im Hof des zugehörigen Restaurants. Meinen Wanderhut habe ich mit einem auberginefarbenen Tuch geschmückt als kleines Signal des täglichen Ankommens für mich selbst. Höre mit einem Ohr einer Band bei irischer Live-Musik zu, ganz nett, wenn auch nicht unbedingt passend. Hier haben sie einen großen Doppelschlafsaal in einer ehemaligen Scheune arrangiert. Den hinteren Bereich, wo auch mein Bett steht, hat man zuerst mit Pilgern aufgefüllt. Wenn die später eingetroffene Gruppe spanischer Radler im vorderen Abteil ausrandaliert haben wird, könnte es noch eine gute Nacht werden.

Gerade als ich vorhin restlos erschöpft endlich alle Viere von mir strecken durfte, setzte nebenan das Gepöbel der Horde ein. Habe versucht, das entstehende Geräuschmuster aus Wiehern, Pfeifen und

Türendreschen als musikalische Darbietung wahrzunehmen. Für einige Momente ließ es sich so fast schmerzfrei ertragen.

Die hier ungemein zahlreichen jungen Leute sehe ich unterwegs gern. Aber mit ihnen als Masse in den Herbergen gezwungenermaßen zusammen zu übernachten, ist ein anderes Ding und wesentlich schwerer zu verkraften. Natürlich könnte ich in ein Hotel ausweichen, was gelegentlich auch geschehen wird. Aber nicht nur käme mich dies auf Dauer recht teuer, es gibt auch nicht überall genügend Hotels, mancherorts sind sogar diese besetzt - mit jungen Touristen, Radlern oder Familien. Hotelatmosphäre hat außerdem wenig Bezug zum Pilgerleben, höchstens als Kontrast. Was haben diese zahllosen Hippie-Nachfahren auf der Endroute des Camino verloren? Und welche Pilgerthemen kann es geben, wenn man noch gar nicht im Leben angekommen ist? Ich habe mehrfach ältere Peregrinos getroffen, die von der Tatsache der hier so massenhaft versammelten Jugend zu Tränen gerührt waren. Aber der Lärm, den dieses Jungvolk produziert, hat sie nicht weniger entnervt als mich. Sie leugneten nur, dass diese akustische Umweltverschmutzung den Massen pubertierender Pilger zu verdanken ist, und betrachteten den Dreck wohl als spanische Eigenart. Vermutlich gilt auch für Senioren-Paare, dass sie im gemeinsamen Pilgern eine Form preiswerten Alternativurlaubs sehen, für den sie sich als Rentner jetzt Zeit nehmen können. Aber die sind wenigstens leise.

Ich plädiere eher für den fraktionierten Camino, der sich jeweils über Etappen von mehreren Wochen, insgesamt aber über Jahre erstreckt. Auf diese Weise kann sich die gesamte Erfahrung mit dem Leben außerhalb des Camino vernetzen. So verbleibt sie nicht als isoliertes Phänomen in einer Sonderwelt, wird eher Teil des Alltagsbewusstseins. Meine persönliche

Pilgererfahrung kann ich mir ohnehin nicht unter den Bedingungen ständiger Gemeinschaft vorstellen, auch wenn solche gelegentlich einigen Spaß mit sich bringen kann. Bisher habe ich in den ganzen fünf Jahren keinen Weggenossen getroffen, der monatelang unterwegs war und Hörenswertes zu erzählen hatte. Meist haben sie nur von vielen zurückgelegten Kilometern berichtet und unterwegs wenig wahrgenommen. Einig waren sie sich aber in ihrem *horror vacui* angesichts des bevorstehen Zieles- wegen der dann unvermeidlich drohenden Heimkehr.

Mir gegenüber hängt in der Bar die Abbildung eines künstlich zusammengedrängten Höhenprofils der Endstrecke des Camino. Wenn es danach ginge, stünden mir in den nächsten Tagen mehrere alpine Kletterpartien bevor. Ich ziehe es vor, die Abbildung nicht ganz ernst zu nehmen. Es wird halt eine härtere Gangart ab morgen angesagt sein, dafür aber auf kürzerer Strecke. Meine linke Pobacke meldet eine gewisse Störung. Unterwegs fiel mir an meinem Schatten eine Rechtslastigkeit meines Gepäcks auf. Vielleicht lag die Schiefe aber auch an einer Hüftasymmetrie. Auf die Länge wirken sich solche minimalen Differenzen aus. Nach fünf Jahren habe ich auch endlich entdeckt, dass meine ebenso scheußliche wie praktische bananenförmige Bauchtasche - unentbehrlich aufgrund unendlichen Fassungsvermögens- sich mit ihren Seitenbändern bestens als Hosengürtel eignet. Wenigstens habe ich damit zuverlässigen Halt und nicht mehr ständig das Gefühl, unterwegs die Hose zu verlieren. Für diese neue, nach mehreren durchgewanderten Vorgängerinnen bisher beste aller Vorgängerinnen, riskiere ich an dieser Stelle eine Werbung: unter dreißig Euro bei Land's End im Internet. In Größen auch für stärkere Damen in mehreren Farben verfügbar, drei potentielle Beinlängen mit Zip-Off und etlichen tiefen und zuknöpfbaren Taschen. Das Material macht einen robusten Eindruck. Vor meiner Abreise hatte ich sie Aubergine gefärbt, weil mich mein trist-graues Outfit mittlerweile angeödet hat.

Habe mir jetzt ein Colaglas Vino tinto eingegossen. Zu meinem Mittgasmenü vorhin gehörte eine Flasche Wein, die ich lieber tragen als stehen lassen wollte. Da ich den Wassersack bis dahin schon nahezu geleert hatte, spielte das Zusatzgewicht keine Rolle. Den Rest nehme ich mit für eine kleine Fiesta morgen am Cruz de ferro. Ich scheine gut drauf zu sein. Mein Weindurst ist schwächer ausgeprägt als sonst. Ich fühle eine plötzliche Gewissheit, dass diese letzte Etappe mein eigentlicher, wirklicher Camino werden wird. Woher sie kommt, weiß ich nicht, auch ehrlicherweise nicht, wozu ich überhaupt hier unterwegs bin.

Was fasziniert mich daran so sehr? Doch wo gibt es schon eine solche, vom Alltag völlig getrennte Möglichkeit, sich viele Tage hintereinander so ausgiebig körperlich zu bewegen, dies in einer von Menschen bislang vergleichsweise unverhunzten Natur, nur im Kontakt mit sich selbst, alles bei optimaler Logistik in Form von idiotensicher lesbaren Zeichen, Unterkunft und Verpflegung? Es braucht nicht einmal Anleihen bei esoterischen Philosophien, um zu begreifen, dass diese Gegebenheiten offenbar existentielle Bedürfnisse befriedigen. Hinzu kommt ein Gefühl, vom Strom einer tausendjährigen Tradition getragen zu werden. Dabei spielt es keine Rolle, dass mittelalterliche Pilger mit Sicherheit in völlig anderer Motivation unterwegs waren, andere Erfahrungen machten und übrigens auch nicht selten unterwegs verstarben. Also diese Unternehmung hier ist schon einzigartig und mit keiner Bergwanderung zu vergleichen, mag diese noch so erhebend sein. Ich empfinde unermessliche Dankbarkeit, dass ich diese Kraftquelle für mich entdeckt habe und dank einer noch ausreichend belastbaren Kondition etwas so Außergewöhnliches erleben darf. Auch dass ich die Zeit und das nötige Geld aufbringen kann.

Gott braucht man dazu für mich nicht zu bemühen. In Astorga hatten sie lange Fragebögen verteilt, mit deren Hilfe die katholische Kirche die persönlichen Glaubensregungen der Pilger ausforschen wollte. Was ich glaube, zählt zur Intimsphäre und geht keine Kirche etwas an. Ich habe dort auch nichts gespendet, obwohl es eine nette Herberge war, weil sie das Geld offensichtlich für überflüssigen technischen Schnickschnack verwenden. Um Atmosphäre auf dem Camino zu erzeugen, braucht es kein Geld. Das ist eines der wenigen Dinge, die nur umsonst zu haben sind. Ich bin aber nicht der Ansicht, dass jeder diesen Weg gehen sollte. Wenn er für jeden richtig sein müsste, könnte er es für keinen mehr sein. Jene Frau, von der ich den Tipp erhalten habe, kam mit nur fünfhundert Euro durch ganz Spanien bis Santiago de Compostela. Wer diese Summe nicht aufbringen kann, wird entweder hier falsch am Platz sein, weil er andere Sorgen hat, oder sich mit Betteln durchschlagen müssen. Solche Bettler sind mir öfters begegnet. Und sie genießen meinen Respekt, weil sie für ihr Vertrauen viel riskieren. Denen würde ich immer gerne etwas spenden. Einen totalitären Camino-Versorgungsimpuls für die ganze Welt empfinde ich als sentimental, sogar destruktiv, weil er die Chance, die er zu bieten vorgibt, im Grunde aufhebt.

14.08.–11 h   Foncebadón
                                                Bar

   Der Aufstieg bis hierher zählt wieder zu den
schönsten Strecken auf dem ganzen Camino. In herrlich leichter Bergluft eher sanftes Ansteigen auf felsigem Pfad- ganz anders als auf dem gestrigen Höhenprofil. Gut zu bewältigen trotz übernächtigter Kondition. Die gestrige Nacht werde ich freilich als höllische Katastrophe in Erinnerung behalten. Nach Einbruch der spanischen Radlerhorde in den Vorderteil des Scheunensaales steigerte sich die Zumutung Stunde um Stunde in unvorstellbare Dimensionen.
   Die circa zwanzig Pilger im hinteren Bereich, meist ältere Personen, bewegten sich lautlos auf Zehenspitzen. Eine gleiche Anzahl Antipilger vorne, jugendliche Betriebsausflügler, ließen immer mehr die Sau heraus: ohrenbetäubendes Kreischen, Grunzen und gewaltiges Furzen, rabiate Balgereien und donnerndes Trampeln gegen die blechernen Zwischenwände des Schuppens, Türendreschen mit so viel Schmackes als möglich. Es machte den Suffköpfen Riesenspaß, sich über die alten Pilgerschleichen nebenan lustig zu machen, sie nachzuäffen und mit Mordskrawall am Schlafen zu hindern. Mir kamen Zweifel, ob ich derartige Individuen überhaupt zu meiner Spezies zählen muss. Ich betete um ein Standgericht. Die Herbergsleute zogen Schwerhörigkeit vor. Ohne diese Gruppe hätten sich deren Einnahmen wohl halbiert.
   Abgesehen von dem Störfaktor, wurde die Situation zunehmend auch beängstigend. Niemand wäre uns zu Hilfe gekommen, wenn die Randalierer die Pilger überfallen und ausgeraubt hätten. Zeitweise stank und knisterte es penetrant nebenan. Denen wäre absolut alles zuzutrauen gewesen. Vielleicht hatten sie ein Feuer im Raum angezündet. Da wir vermutlich

alle Angst hatten, hätte wohl kaum einer dem anderen geholfen. Der Ausgang und einzige Weg zur Toilette setzte die Passage des Vorderabteils voraus- im Stockfinstern, denn meine Stirnlampe hatte ich nicht zur Hand.

Meine Blase ließ sich eine gewisse Zeit zur Ruhe bewegen. Die Hoffnung, dass die asozialen Tölpel vom Rausch direkt in Schlaf fallen werden, täuschte mich auch nicht. Aber schlafend wurden sie nicht leiser, sondern durchdrangen mit ihrem Röhren und Sägen selbst meine Ohrstöpsel. Darunter gab es Schnarchstars und Solisten. Wenn sich die Kerle herumwälzten, knackten, krächzten und quietschten die eher kindergerechten Hochbetten erbärmlich. Aus purer Verzweiflung bekam ich Lachkrämpfe. Meine Nebenschläferin hustete mir bellend ins Ohr, so dass ich den Lufthauch spürte. Eine Metallflasche knallte auf den Steinfußboden.

2 h: Ein Handy lässt eine Fanfarenmelodie ertönen. Meine rechte Nachbarin liest mit Halogenlampenlicht, das mir in die Augen sticht. Mein Kissen ist zu hart und steil und zwingt die Halswirbelsäule in unbequem abgeknickte Position. 3 h: Meine Blase befiehlt eine Expedition in totaler Finsternis durch beide Säle Richtung Ausgang zum WC. Im Geist die Bettenanordnung rekonstruierend, taste ich mich, mit beidseits seitlich ausgestreckten Armen die Gestelle abzählend, zunächst zur Zwischentür. Diese wird allerdings jetzt durch einen Rucksack blockiert. Ich steige vorsichtig darüber, stoße mir schmerzhaft die Zehen an einer metallenen Stolperschwelle. Im Vordersaal angelangt erreiche ich ungehindert die Türe nach draußen. Im Klo fehlt wie gewohnt Papier. Meine Rückkehr gestaltet sich nur problemlos durch den Vorderteil. Denn inzwischen scheint sich die ganze Szene irgendwie gedreht zu haben, und ich finde den

Durchlass nicht mehr. Meine räumliche Orientierung ist erbärmlich, nur mein Tastsinn funktioniert hier zuverlässig. Als ich die Türe endlich wiederfinde, richte ich mich schräg diagonal aus und tapse auf gut Glück in diejenige Richtung, in der ich meine Bettstatt vermute. Ich taste die Schlafgestelle ab, lande probeweise in einem falschen Bett, werfe zwei Fahrradhelme zu Boden, rutsche auf einem Wassersack aus, der wohl der meinige ist, und weiß jetzt, welches mein Lager sein muss. Endlich hineingekrochen in meinen Schlafsack flehe ich meine Blase an, mich in dieser Nacht nicht mehr zu belästigen.

4 h: Jetzt herrscht plötzliche Stille, so dass man das Hundegeheul von der Straße gut hören kann. Ich entferne nutzloses Ohropax aus meinen Gehörgängen, weil es dort nur kitzelt, und ich auch darum nicht schlafen kann. Übrigens führe ich drei verschiedene Ausführungen mit mir. Jetzt Mückenalarm! Heftiger Juckanfall zwischen den Fingern und auf beiden Handrücken, die kissenartig anschwellen. Brennende Fußsohlen, keine Idee, wie die Viecher dorthin gefunden haben. Vielleicht benötigt meine Allergie sogar keinen materiellen Mückenangriff mehr. Die Kombination körperlicher Erschöpfung, Hitze und Schlafmangel mit Lärm und Ärger könnte ausreichen, die Flatschen aus bloßer Erinnerung heraus entstehen zu lassen. Sie erscheinen immer genau dort, wo sie schon früher gewesen sind, streng symmetrisch angeordnet. Ohne Cortison kann ich nicht weiter wandern.

5.30 h: Irgendwann kommt doch noch ein Schlafstündchen zustande. Das merke ich, als mich die früh aufbrechenden Supereifrigen mit ihrem Knacken und Knistern wecken. Meine rechte Nachbarin benutzt rücksichtsvollerweise ein augenschonendes Rotlicht ihrer Stirnlampe. Dafür raschelt sie fast eine Stunde lang herum. Jetzt sind technische Geräusche zu vernehmen: das Surren, Schnalzen, Klacken, Piepsen ultramoderner Ausrüstungen. Nochmals ertönt die Fanfare.

7 h: Lautes Türenknallen der spanischen Banditen, die vor ihrem Abgang noch Gelächtersalven, Flüche und lautes Gequatsche produzieren. Energische Morgenschnarcher setzen ein. Noch zwanzig Minuten schlafähnliche Totenstarre, bis eine rabiate Putzfrauenriege hereinbricht. Zum Glück sind alle Duschen frei, denn Morgenduschen ist hier unüblich. Alle Türen im Durchgang nach draußen stehen weit offen, es zieht eisig, und man wird sich den Tod holen. Im Klo steht ein Pilger bei offener Tür, um sein Wasser abzuschlagen, ohne den Rucksack abzulegen. Mechanisches Fertigmachen wie in Trance.

An der Bar bekomme ich eine super leckere *tostada* mit *jamón y queso* (bestellt war zwar nur Käse), die so riesig ist, dass ich davon den ganzen Tag zehren werde. Aber jetzt das Schlimmste: eine extralaute rumbum- hammerharte Musik in aller Frühe aus dem Radio, die unvermeidliche akustische Dauerkulisse. Spontane Mordgelüste. Meine Abschiedsgrüße an die abziehenden Radpilger lauten: *buenas noches*.

Cruz de terror

14.08.-13 h   Cruz de ferro

Wie weit ich in meiner Verfassung heute überhaupt kommen kann, muss ich noch schauen. Jetzt erst spüre ich bleierne Müdigkeit. Unterwegs habe ich das berühmte Cruz de ferro passiert, das besser Cruz de terror heißen sollte. Groß daran ist die umgebende Müllhalde voll alter Lappen, leerer Plastikflaschen,

Tüten, Essensreste, Dosen, Sandalen und Papier. Da ich mein erstes Steinchen aus Le Puy in einem alten Anorak zu Hause vergessen habe, werde ich wohl meine Sünden hier nicht abladen können und sie weitertragen müssen.

Flüchtiger Kontakt mit der schlaflosen Französin, die mir auf dezente Weise ebenso ausgewichen ist wie ich ihr. Ein Zeichen besonderer Rücksichtnahme, denn die unterwegs geknüpften Kontakte halten selten und fallen leicht zur Last, weil man mehr quasselt, als einem lieb ist, und meist nur belangloses Zeug. Ich mag diese Frau gerade, weil sie mich in Ruhe lässt. Es werden einem entweder nicht bestellte Lektionen in esoterischen Weltanschauungen erteilt, oder man bekommt eine Krankengeschichte aufgetischt - die komplette Biografie ist das Minimum. Diesmal will ich mich nicht zu nichtigem Geplauder verführen lassen.

14.08.-15 h   Manjarin

Dort kommt die berühmte authentisch dem Mittelalter nachempfundene Klause von Tomás. Dieser moderne Tempelritter soll seinen eigenen Camino aufgegeben haben, bis Santiago des Compostela zu verfolgen, um stattdessen hier in der Einsamkeit eine Herberge zu errichten. Diese ist sicher nicht jedermanns Sache, auch die meinige nicht, schon weil indiskutabel für Senioren. Das tropfsteinartige Plumpsklo wurde nur zu einer weiteren Skurrilität auf dem Camino. Wohl aber beeindruckt mich seine konsequente Schlussfolgerung aus der Erkenntnis, dass nicht das Ziel der Weg sein sollte, sondern umgekehrt.

Lasse mich mit dem bescheiden wirkenden Leiter gerne fotografieren. Dann einige Sätze mit einem brasilianischen Anwärter auf den Titel eines Hospitalero gewechselt, der stolz auf seine siebzig Jahre ist und ein zugehöriges Praktikum absolviert. Auch hier wird alles immer mehr bürokratisiert.

14.08 Später unterwegs

Von gregorianischen Gesängen begleitet, begegnete ich einem heruntergekommenen Nachfahren des einst gefürchteten iberischen Wolfes, misstrauisch und verfettet. Obwohl eher ängstlich aussehend konnte er doch bissig sein. Man hört hier immer wieder von aggressiven streunenden Hunden. Ich kramte daher vorsichtshalber mein Pfefferspray aus der Bananentasche. Dann aber verfütterte ich den Rest meines Morgentoastes an das ausgehungerte Tier, wonach es sich friedlich trollte.

Der Weg führte an Wiesen vorbei, auf denen ungewöhnlich schöne, goldbraune, langhörnige Kühe weideten. Im Wegstaub vor mir erkannte ich Abdrücke zweier verschiedener Sohlen: eine trug ein Unendlichkeitszeichen, die andere ein Hakenkreuz. Vor mir schienen ein Engel und Luzifer nebeneinander gelaufen zu sein. Übrigens trifft man hier öfters auf Hakenkreuzsymbole, sogar auf Santiago-Wegsteinen. Die Funktion solcher bestimmt sehr teuren Monumente bleibt unklar. Schlichte gelbe Pfeile auf dem Boden oder an Bäumen würden völlig ausreichen. Sogar in doppelter Ausfertigung direkt nebeneinander sind sie mir begegnet. Was nichts gekostet hat, reicht wohl nicht. Es muss pompös sein, möglichst in Gold und Azurblau auf kostbaren Terrakottakacheln, die immer

Müllkreuz

wieder herausgeschlagen anzutreffen sind. Ein Zeitvertreib destruktiv gelaunter Pilger, die das nötige Werkzeug dafür wohl mitgeschleppt haben müssen. Der Weg zieht sich hin, besonders bergab. Bis El Acebo ist es letztlich viel weiter als gedacht.

Mache erneute Bekanntschaft mit rigorosen Radpilgern, die Asphalt uncool zu finden scheinen. Lahme Fußpilger, die sich ihren Pfad mit solchen Kriminellen teilen müssen, werden mit lautem Gebrüll zur Seite gescheucht und aus dem Weg gepfiffen, wenn diese kanarigelb oder froschgrün kostümierten Aliens von hinten lautlos angeschossen kommen wie tödliche Geschosse. Polizisten sind hier hoch zu Ross unterwegs, immer zu zweit. Aber diese kontrollieren nur die armseligen Fußpilger von oben herab. Sie kommen mir mit ihren Helmen vor wie einstige Raubritter. Den radelnden, muskelstrotzenden Sportsfreunden lächeln sie anerkennend zu. Man versteht sich doch unter Männern.

In den Führern stehen zwar deutlich lesbare Empfehlungen für Radfahrer, zum Beispiel an besonders risikoreichen Strecken den Wanderern doch ihre Ruhe auf dem Fußweg zu lassen, und bitte, bitte die Landstraße zu benutzen. Aber der Radler entnimmt daraus nur den Hinweis, dass er hier eine besonders geile Tour erwarten darf. Verbote sind nirgends zu sehen. Radpilger, wie sie genannt werden, deren Anteil circa fünfzig Prozent ausmacht, will man wohl nicht vergraulen, um überaus zahlreiche Herbergsställe zu füllen.

Am Ausgang von El Acebo soll eine Skulptur zu besichtigen sein, die zum Gedenken an einen hier verunglückten deutschen Radfahrer errichtet wurde. Ich frage mich, wie das Monument wohl gemeint sein mag. Etwa als Heldendenkmal?

14.08.-20 h   El Acebo
                                                     Hotelbar

   Habe als einziger Gast in einem wunderschönen kleinen Hotel eingecheckt, das hier in einem alten Bauernhaus liegt. Mit viel Liebe zum Detail eingerichtet, breites Bett, Küche und vieles mehr. Nicht billig, aber ich muss unbedingt in dieser Nacht gut und lange genug schlafen können. Der Rest dieses Dorfes wirkt wie ein Museum, wird leider wohl bald den Rest seines Charmes einbüßen, wenn in jedem zweiten Haus Übernachtungen angeboten werden. Kaufe einige Kleinigkeiten ein, Brot, Käse, Obst, Eier. Freue mich wie eine Königin auf ein selbstgemachtes leckeres Abendessen in der Abendsonne im Garten.
   Großer Schock bei meiner Rückkunft: eine Radlergruppe, diesmal italienisch und geschlechtlich gemischt, beginnt sich im Nebenzimmer im Hotel einzurichten. Sind wegen der durchlässigen Wände jetzt schon zu hören. Man weiß tatsächlich nie, welches die beste Vorsorge für eine ruhige Nacht wäre. Mich packt Verzweiflung. Wenn diese hier wieder Krach machen, dann werde ich an die Wand trampeln. Zum Kochen habe ich jetzt keine Lust mehr, weil die Italiener die winzige Küche total okkupieren. Und zum Malen bin ich zu müde. Eine Italienerin belegt den einzigen Liegestuhl im Garten. Jetzt habe ich auch keinen Bock mehr auf die Abendsonne.

15.08.-2.30 h   El Acebo
                                                     Hotelzimmer

   Schlaflos in wilder Unruhe bei absoluter Stille der Umgebung. Ein inneres Toben. Allergie? Vollmond?

Restless legs? Keine Ahnung. Angst, meinen Verstand zu verlieren. Grundlose Schlaflosigkeit ist am schwersten zu ertragen. Mal ist mir zu heiß, dann zu kalt, mal sogar zu still. Am Bett liegt es nicht, und an den Italienern auch nicht. Man hört noch nicht mal Hunde.

15.08.–15 h Molinaseca
Albergue privado

Gegen neun Uhr aufgewacht nach nur dreistündigem Schlaf in jämmerlichem Zustand. Die Italiener, auf deren Verschwinden am Morgen ich gehofft hatte, waren nachts zwar leise, sind aber erst kurz vor mir aufgestanden und belegen morgens schon wieder komplett die Miniküche.

Ich schleiche langsam los, bleibe aber auf der *carretera*, weil ich mir das gepriesene, doch als schwierig und kniegefährlich beschriebene Nachtigallental heute nicht zuzumuten wage. Diese Landstraße ist zwar bis auf radelnde Irre kaum befahren, wo sie meinetwegen herunter sausen dürften. Aber auch hier erfolgt dies ausschließlich auf dem für Fußgänger vorgesehenen Weg. Ihre Kommandos sind von weitem zu hören. *A la izquierda!* Meist haben sie nicht einmal einen Führer bei sich, da sie mit einem einzigen Blatt auskommen, auf dem alle Stationen stehen.

Was haben diese Gangster hier zu suchen, und was heißt eigentlich Pilger? Berge gibt es doch auch anderswo. In voller Schussfahrt wird fotografiert, einhändig versteht sich. Mir juckt es in den Händen, meinen Wanderstock mal kurz irgendwo zwischen Speichen zu schieben. Unterwegs das Fahrraddenkmal passiert. Die zugehörige stilisierte Wasserflasche gleicht einem Stierhoden. Die Jakobsmuschel schwebt über dieser Skulptur wie der Heiligenschein eines Märtyrers. Der Arme wurde sicher das Opfer unerträglich lahmer Fußpilger.

Die Landschaft bezaubert mich anfänglich trotz meiner lädierten Verfassung, auch wenn ich leider dieses besonders liebliche Tal verpassen muss. Aber in meinem Hirn beginnt es auf einmal zu spuken. Neben Konjugation unregelmäßiger spanischer Verben, die automatisch nebenher abläuft, ist jetzt offener Kriegszustand darin ausgebrochen. Plötzlich ist mein ganzes Leben in Bitterkeit versunken und in tiefschwarze Schatten getaucht. Ich berste fast vor Wut im Gedenken an alle mögliche erlittene Unbill. Jetzt bräuchte ich einen Gott zum Hadern. Sogar die Natur geht mir auf die Nerven. Geräusche zerren wie Schmerzen an meinen Haarspitzen. Ich schmiede radikale Rachepläne, ein Rundumschlag müsste her. Mein gigantischer Zorn vergiftet mir den herrlichen Tag, an dem blendender Sonnenschein herrscht. Plötzlich bekomme ich Angst, dass ich nie mehr werde schlafen können, es einfach verlernt habe. Ich beginne zu taumeln und gerate um ein Haar unter die Räder eines vorbeifahrenden Wagens.

Der nahende Ort Molinaseca kündet von seiner Existenz Kilometer im Voraus mit dreifachem Lärm: Trommelwirbel, endloses Gebimmel unzähliger Kirchenglocken und zusätzlich Feuerwerksproben. Nach Auskunft von Anwohnern, sollen dies aber nur Vorboten eines ausgerechnet heute Nacht beginnenden Muttergottes - und Wasserfestes sein. Da ich jetzt dem Umfallen nahe bin, werde ich - wie und wo auch immer - trotzdem hier Station machen müssen. Mit wenig Mühe finde ich in dem jakobstouristischen Flecken eine nette, geräumige und ruhige private Herberge, die sogar einen Platz für mich frei hat, wohl weil erst Mittag

Fußspuren im Sand

ist. Das Quartier ist nicht einmal teuer. Hoffentlich entnerve ich meine sieben potentiellen MitschläferInnen nicht mit nächtlicher Tobsucht.

Der Hospitalero will zunächst keine Decke für mich herausrücken- ich führe nur einen leichten Schlafsack mit mir- weil es ja nicht kalt sei. Ja, ihm nicht, und vor allem um diese Uhrzeit noch nicht. Als wir das Dachzimmer betreten, und ich mich besorgt erkundige, ob es hier oben nicht allzu warm wird, mustert er mich befremdet: Was denn nun- zu kalt oder zu heiß?

An der Eingangstüre lese ich einen erschütternden Anschlag mit Bild:

„Besorgte Eltern suchen ihre 15-jährige Tochter. Lisa ist seit August auf dem Jakobsweg spurlos verschwunden."

Vorher soll sie noch in Astorga Geld abgehoben haben. Wie grauenvoll! Schlimmeres, als ein Kind zu verlieren, kann es kaum geben. Dazu der Jakobsweg als Todbringer.

Vergeblich versuche ich, in einen Nachmittagsschlaf zu sinken. Dazu ist es aber viel zu warm im Raum, trotz Durchzugs und abdunkelnder Vorhänge. Meine am ganzen Körper verteilten juckenden Flatschen haben unter Cortison zwar aufgehört, sich zu vermehren, jucken aber noch immer, vor allem in der Wärme.

Rasende Radpilger

Träume und Albträume

16.08.-11 h   Pontferrada
                                          Bar

Die Nacht in Molinaseca war gütig und lang. Trotz der Schwüle insgesamt sieben Stunden tief geschlafen. Hatte mir eine Wasserflasche zum Besprengen zurechtgelegt, mit der ich meinen Seidenschlafsack in der Nacht mehrfach befeuchten konnte, wie man es mit Bügelwäsche macht. Gegen Morgen wurde es dann tatsächlich kühl, und ich war froh über die erbettelte Decke.
Gegen drei Uhr aufgewacht, die herrliche Morgenfrische genossen und eine reife Nektarine aus den Tiefen meines Rucksackes gefischt. Was man bei uns unter diesem Namen zu kaufen bekommt, schmeckt nach Plastik und hat wenig Ähnlichkeit mit diesen Duftwundern. Inzwischen habe ich mich an Ohropax etwas gewöhnt. Bloß vergrößern sich dadurch Mundinnengeräusche zu befürchteten Ruhestörungen. Bin dann wieder eingeschlafen und hatte einen unglaublich intensiven, hochkomplexen und sehr dramatischen Traum. Er lässt sich schwer wiedergeben, handelte jedenfalls davon, dass Gerechtigkeit hergestellt wurde. Es ging um interne Intrigen im Hintergrund eines Institutes, Mobbing war am Werk. Mich hinterließ dieser Traum tief befriedigt, weil sich darin Personen gegenseitig bestraft haben, denen ich vor langer Zeit herbe Enttäuschungen verdankte. Ich brauchte mich nicht einmal selbst zu rächen.
Verließ um neun Uhr als letzte die Herberge und lief ungefrühstückt bis Pontferrada. Eine dort befindliche Templerburg war leider geschlossen. Im Park lagerte eine Pilgerin unter einer goldenen

Folie, die hier auf einer Bank genächtigt hatte. In der Minibar gab es nichts zu essen, dafür den größten Flachbildschirm, den ich je zu Gesicht bekommen hatte. Ein Anschlag informierte über die Novität eines Instant Vino: *Como hacer vino en casa?*"
Guten Morgen, mein liebes Absurdistan.

16.08.-15 h   Camonaraya
                             Bar

Nach Genuss eines ausnehmend leckeren Salates mit Oliven, Gurken, Tomaten und Zwiebeln, bekomme ich ein Glas frischen, handgepressten, kühlen Orangensaft. Nach dieser Köstlichkeit beschließe ich, für heute das Meckern einzustellen. Es herrscht jetzt auch wieder Friede in meinem Geist. Auch der Körper hat nach einer zusätzlichen Cortisondosis seinen Aufstand beigelegt. Die Flatschen beginnen einzutrocknen.
Gestern Nachmittag bin ich in Molinaseca am Ufer des Miruelo-Flusses spazieren gegangen und habe Badenden und ihren Zuschauern in den Restaurants zugesehen. Die Einheimischen voller Gelassenheit. Welche Begabung zum einfachen Lebensgenuss! Eine Mutter, die selbstvergessene Zwiesprache mit ihrem Baby hält, das mit seinen Marzipanzehen spielt. Spanierinnen schreiten erhobenen Hauptes neben ihren Männern, die Augenhöhe nur erreichen, indem sie der Muttergöttin gerne dienen. Wer den Kinderwagen schiebt, spielt keine entscheidende Rolle. Seltsam, dass Männer so selten diesen Weg zum eigenen Glück entdecken. Die Spanierin scheint aus angeborenem Talent ihrem Partner keine andere Wahl zu lassen.

Bei mir wird sich wohl eine östlichere Göttin eingemischt haben, vielleicht Sarasvati, die indische Sprachkünstlerin. Die hatte aber keine Kinder. Spanien wird mir lieb durch seine kernige Sprache. Deshalb konnte ich sie auch leicht *pocissimo* erlernen. Gelegentlich bringt mich ihr Pathos zum Lachen: Die Aufschrift auf WC's lautet *caballeros*. Das wären demnach Kavaliere, die ihr Wasser zu Pferd lassen. Was ist ein *torrecador*? Ein Flaschenöffner oder ein Turmzieher? Wie groß müssen dann die Flaschen sein? Und ein *saccacorchos*? Bestimmt kann man damit Schweine kastrieren.

16.08.- 22h   Cacabelos
                                             Restaurant

Warte hier gespannt und mit Appetit auf erste Bekanntschaft mit dem galicischen Nationalgericht *pulpo feira*. Sehr schöne Endstrecke heute durch Weinfelder behangen mit Reben voll schwerer, blauer Trauben. Weinstöcke, unregelmäßig gepflanzt, so dass sie bestimmt nicht von Maschinen bearbeitet und beerntet werden können, sondern nur per Hand. Balsamischer Duft nach Süden und Sonne. Zum Singen schön. Hier sollte man campen und nur der Natur zuhören.

Ein prachtvolles, für hiesige Verhältnisse aber auch teures Hotel hat mich gleich am Ortseingang einkassiert aufgrund einer unwiderstehlich zauberhaften Gesamtanlage. Weiträumig mit alt möblierten Gemächern, liebevoll ausgewählten Details, Gedichten von Handtüchern, überall Ruhe, Kühle, edles Aroma.

Reife Trauben am Weinstock

Auf dem Weg zum Flussbad im Rio Cua, zog ein kleiner Verkaufsstand mit bemalten Jakobsmuscheln meine Aufmerksamkeit an. Die Muscheln stifteten ein deutsches Gespräch mit der Verkäuferin Beatriz, einer Mutter von zwei Kindern aus Madrid. Alleinerziehend mit großen Problemen. Obwohl ich allgemein zurückhaltend mit der Herausgabe meiner Adresse bin, schaffte sie es binnen Minuten, diese von mir zu erhalten. Sie wollte nämlich unbedingt nach Deutschland kommen, um hier mit ihren Kindern zu leben und als Lehrerin zu arbeiten. Ihre intensive Willensenergie hat mich beeindruckt. Ich wünsche ihr von Herzen, dass sich ihr Wunsch verwirklicht und staune über die Macht des Muschelsymbols, das hier ein ganzes Schicksal wenden könnte. Nur wäre ich nicht die geeignete Helferin für Beatriz und könnte ihr allenfalls als erste Anlaufstelle dienen. Die nötigen Schritte müsste sie schon alleine unternehmen.

Es wird auch in Cacabelos heute ein Stadtfest gefeiert. Es gibt etliche Verkaufsstände mit allerlei Kuriositäten. Ein Grund zum Feiern findet sich in Spanien immer. Ich entdecke ein knöchernes Kästchen und eine Seife aus Wein, die leicht zu tragen sind und sich als Mitbringsel eignen. Die Einwohner haben sich als Römer kostümiert und laufen in weißen Togen mit goldenen Armreifen und grünen Lorbeerkränzen herum. Die Kinder haben großen Spaß und führen Tänze auf.

Der *pulpo feira* hat ebenso gut geschmeckt, wie der *vino de Bierzo*, den ich mir merken will. Nach der Rückkehr in mein Hotelzimmer, male ich dort zwei kleine Aquarelle. Zelebriere mein Malen mit intensiver Freude.

Peregrino

17.08.-13.30 h   Villafranca de Bierzo
                              Restaurant

Stille im Kopf, Ruhe im Hirn. Schaue nur Licht und Farben. Solange es nicht endlos lange bergauf geht, bewältige ich den Anstieg bislang problemlos. Eine Kerze in der Kirche angezündet. Sehe einen alten Mann in einer Bank sitzen und telefonieren. Mobiles Beten? Den Abzweig zum vielgelobten Camino duro erkenne ich zwar, lasse ihn aber mit gewissem Bedauern links liegen, weil sämtliche anderen Pilger dies auch tun. Die Markierung mit Pfeilen soll dort oben recht dürftig sein, und alleine könnte ich mich verirren. Sehr schade, aber ich muss mit meinen Kräften haushalten.

Trabadelo   Albergue privado
                                       17.08.-21h

Freundliches Plätzchen ohne den mindesten Luxus oder irgendwelchen Minimalkomfort, zum Bersten voll besetzt bis auf das letzte Bett. Doch alle Pilger verhalten sich hier sehr ruhig und gehen diskret miteinander um. Keinerlei Gedränge, obwohl extremer Platzmangel herrscht, die Türen müssen von Schwachköpfen angebracht worden sein, da keine einzige richtig schließt. Eine Gruppe Mönche singt Choräle für die Pilger.

Santiago in Villafranca

Woher kommt es, dass in manchen Herbergen von vorne herein solch angenehm stille Atmosphäre herrscht und in anderen ein brutales Lärmchaos? An der Einrichtung kann es nicht liegen. Hier gibt es überhaupt nichts Schönes. Das Kücheninventar, abstoßender dunkelbrauner Kunststoff in Holzoptik, ist neu. Auch am Hospitalero nicht, der nur mal kurz hereingeschaut hat. Es muss wohl mit den Gästen zu tun haben, die zufällig zusammenkommen.
Drei neue Bildchen gemalt. Hoffe auf eine gute Nacht. Denn morgen wartet der Cebreiro auf mich. Bin mir sicher, dass ich hier wunderbar schlafen werde, obwohl die Betten eher primitiv und durchgelegen zu sein scheinen.

18.08.- 13 h   Herrerías
                                            Hotelrestaurant

Es wurde in Trabadelo tatsächlich die bisher beste aller Nächte, obwohl meine Allergie sich doch wieder zurückgemeldet hat. Meine Kondition heute war optimal, das Wetter leicht bedeckt und hervorragend geeignet für einen langen Aufstieg. Dieser blieb lange Zeit kaum merkbar, die Strecke entlang der Landstraße auch eher langweilig und ohne Bezug zu den lyrischen Ausführungen im Reiseführer. Ein böser Verdacht ist mir mehrfach gekommen, dass die Autoren der gängigen Bücher bestimmte Plätze zu lancieren suchen, während sie andere schlecht reden. Ob sie für solche Werbung bezahlt werden? Und wieder kamen Polizeireiter im Doppel angetrabt, ließen von oben herab Pferdeäpfel auf Pilgerfüße fallen und zogen von dannen, ohne die Rotten der Killerradler nur andeutungsweise zu rügen.

Auf der hier pistenähnlichen Strecke waren urplötzlich unvorstellbar viele „Pilger" unterwegs. Ich empfand sie wie die Schwärme von Schmeißfliegen, die unablässig um unsere schweißnassen Gesichter schwirrten und in Mund und Augen eindrangen. Man atmete sie förmlich ein. Langsamere Pilger wurden wieder und wieder von denselben Schnelleren überholt, die dazwischen gerastet hatten, zwanghaft auch zum zehnten Mal Grüße brummelnd: *hola...hola... hola.....* *bon camino.... bon camino... buenos dias... buenos dias........*

Woher kam plötzlich diese dahin trottende Masse, einer dicht hinter dem anderen, Ferse an Ferse klebend? Ganz einfach: das mussten diejenigen sein, die bekanntlich mit ihrem Camino genau hier erst zu starten pflegen, von dem aus sie noch ein gefordertes Minimum von 200 Kilometern bis Santiago zusammenkriegen. Die hier auftauchten, waren also für ein Papier unterwegs. Welche Gestalten! Nur halb angezogene Lümmel mit Speckbäuchen, zottelige Rotznasen in Miniröckchen mit gepiercetem Nabel, weißen Söckchen, Leggins und Handtäschchen, in Latschen daher schlurfend, zu beiden Seiten klappernde Utensilien bis an die Knie, Büchsen, Flaschen und Matten, Hosen auf Halbmast bis Pofaltenmitte, nachschleifende Senkel, wie auf dem Weg zur Disco. Eine riesige Herde von Flegeln und Flegelinnen, mit denen unvermeidlich um den Schlafplatz der kommenden Nacht konkurriert werden musste.

Im Cebreiro

18.08.-20 h Herrerías
 Hotelzimmer

In der Zwischenzeit war ich schon einmal vor einer Stunde fast oben auf dem Cebreiro angelangt. Aber nur, um dort kurz unterhalb des ersten Gipfels zu erfahren, dass sowohl hier als weiter oben längst sämtliche Schlafplätze belegt waren. Für zehn Euro wurde mir eine Taxifahrt zurück an den Ausgangspunkt angedreht, wo ein Hotelzimmer für vierzig Euro noch zu haben sei.
Clevere Taxifahrer brauchten dort oben zu später Stunde nur auf so erschöpfte Pilger wie mich zu warten, um ihren Tagesverdienst etwas aufzubessern. Vermutlich ein abgekartetes Geschäft mit dem Hotel im Tal auf Provisionsbasis für den Fahrer. Man hat nach einem stundenlangen Aufstieg auch zum Denken keine Kraft mehr und wird zur leichten Beute. Denn sicher hätte ich unten eine preiswertere Unterkunft finden können. Da ich keine Lust hatte, mir auch noch mit Ärger den Abend zu verderben, beschloss ich, demnächst seltener essen zu gehen, und heute jedenfalls das Abendessen im Hotelrestaurant zu streichen.
Aber der Aufstieg war äußerst beglückend und nicht anspruchsvoller als Strecken, die schon früher bewältigt worden waren. Die Schwierigkeit dieser Bergbesteigung wird offensichtlich allgemein übertrieben. Trotzdem will ich natürlich keinesfalls zweimal hinaufsteigen. Das verstieße gegen die Pilgerehre. Deswegen soll mich morgen der Taxifahrer auch wieder hinauffahren, diesmal aber gratis. Man sollte sich wohl ab hier unbedingt in privaten Herbergen anzumelden suchen.

Uralte Kastanie bei Tricastela

19.08.-21 h   Tricastela
                    Restaurant

Großer Wandertag im Cebreiro-Massiv. Besonders der letzte Aufstieg zum ersten Gipfel war herrlich. Ankunft an dem berühmten Grenzstein zu Galizien, Fotoabtausch mit einem jungen Ehepaar. Schaue auf dem Bild aus wie als junges Mädchen. Oben angelangt, herrschte erwartungsgemäß hektisch-touristischer Hochbetrieb. Überfüllt, nachlässig wirkende, desinteressierte und unfreundliche Bedienung im Lokal, keiner wusste Bescheid. Dennoch intensive Atmosphäre der Stille in der fast leeren romanischen Kirche.

Die Besichtigung des ethnografischen Museums hat romantische Vorstellungen von archaischem Familienleben im Einklang mit der Natur ausgeräumt. Vielleicht zeigt sich kultureller Fortschritt darin, dass wir nicht mehr mit unserem Vieh gemeinsam in fensterlosen Höhlen unter einem Dach leben. Permanente Düsternis und ausweglose Enge erschien mir weniger als Geborgenheitsidylle, denn als passende Kulisse für Familienmorde.

Erst der weitere, dann noch endlos lange Aufstieg wurde mühsam und hat allerletzte Reserven aufgebraucht. Unklare Ausschilderung verführte zu Umwegen. Dann endlich angekommen auf dem Gipfel des Alto Poio hätte ich keinen einzigen Schritt mehr steigen mögen. Der Wassersack war geleert bis auf den letzten Tropfen. Im Restaurant gab es nur eine schlichte Gemüsesuppe mit *favelas*, die aber sehr gut geschmeckt hat.

Nun hätte der große Abstieg erfolgen sollen. Stattdessen noch stundenlang weitere kleine Anstiege, bis es endlich angesichts einer herrlichen Bergkulisse zügiger abwärts ging. Absolute Stille im Hirn, Generalpause des Denkapparats, während der

Körper als selbsttätige Maschine funktioniert. Hatte keine Lust, irgendwo oben zu übernachten, weil hier noch Massenandrang mit entsprechend saftigen Preisen zu erwarten war. Auf dem Weg waren zwar immer nur vereinzelte Pilger anzutreffen. Aber wo sollten die Horden sonst bleiben? Deshalb habe ich entschlossen Tricastela angesteuert und wäre auch bis in die Nacht marschiert, um dort anzukommen. Mehrfache telefonische Reservierungsversuche wurden abgeschmettert. Aber unten sollte es zumindest Herbergen in größerer Anzahl geben.

Mein Hotelzimmer der letzten Nacht hätte ich fast vergessen zu bezahlen, weil man das in Herbergen vorher erledigt, in Hotels aber erst bei der Abreise. An solche altspanischen Gemächer könnte man sich gewöhnen, an ihre traumhaften Betten. Habe bis auf die Juckerei königlich geschlafen und gegen Morgen eine wonnige Wachstunde liegend genossen. Aber geärgert hat es mich doch, diesem Komplott auf den Leim gegangen zu sein.

Die allerletzte Strecke nach Tricastela hinunter, ein sonnendurchfluteter langer Hohlweg, gewirkt aus miteinander verwobenen, uralten Baumkronen beiderseits, wird mir als erster Anblick unvergesslich bleiben: ein *corridoeiro*. Ich traute meinen Augen nicht und musste schmunzeln. Solche dick bemoosten Hinkelsteine kannte ich nur aus Sagen-und Märchenbüchern oder Comics. Gleich dürfte mir eine Schar Hobbits entgegenkommen, oder Asterix und Obelix auftauchen, um Wildschweine und Römer zu jagen. Eine liebliche Tröstung für die extreme Länge dieses Abstieges, bevor mich − eisiger Schreck bis in die Knochen − wahnsinnige Raser auf Rädern wieder beinahe umgefahren hätten.

Doch dann erneuter Schock bei der Ankunft gegen 18 Uhr: alles randvoll und restlos überfüllt mit

Polizeireiter mit Pilger

halbwüchsigen Ausflüglern und Radlern. Nachdem ich mir auf immer schwächeren Füßen Absagen von mehreren kommunalen und privaten Herbergen sowie Hotels geholt hatte, fand ich mit echtem Glück irgendwo Unterschlupf in einem Durchgang zwischen Keller und Küche. Dort hatten die Herbergsbetreiber als Notlager Campingliegen aufgestellt, rostige Metallgerüste, die bei jeder kleinsten Bewegung zusammenzuklappen drohten.

Die Küche nebenan war bei meiner Ankunft zwar noch leer. Doch eingedenk vergangener Erfahrungen war an solchen Orten immer mit nächtlich lärmender Ansammlung von young people zu rechnen. Eigentlich sollte ich heute müde genug sein, um unter allen Bedingungen schlafen zu können. Ich hatte allerdings auch keine Wahl, denn für eine Outdoor-Übernachtung war ich nicht gerüstet. In diesem Punkt habe ich bewusst auf Vertrauen in den glücklichen Zufall gesetzt, da Matte plus dicker Schlafsack mir einfach zu viel wogen.

Nach Erledigung immer gleicher Pilgergeschäfte nach jeder Ankunft- Einchecken, Ausbreiten, Wäsche, Duschen, Besorgungen- humpele ich nach zwei Ruhestunden zum nächstgelegenen Restaurant. Wähle dasjenige, dessen Erreichung auf ebener Straße mir absolut nicht die mindeste Anstrengung mehr abverlangen kann. Der Kellner empfiehlt als einzig verfügbares Gericht *favela,* hier eine leckere Suppe aus dicken gelben Bohnen mit Fleisch.

Am Nebentisch findet eine Schreiunterhaltung statt, der ich unfreiwillig folgen muss. Wortführer ist ein halbnackter Belgier mit schwerfälligem deutsch-akzentigem Spanisch. Er redet wohl deshalb so laut, weil seine ZuhörerInnen English speaking strangers sind. Ein Umgang wie mit Tauben oder Greisen. Ich erfahre auf diese Weise, wie viele Söhne aus wie vielen geschiedenen Ehen der Belgier hat, wie sie alle heißen, wie er spirituell drauf ist, an welchen sexuellen Vorlieben seine Ehen scheitern mussten, und was er von Geistheilung hält.

Jetzt wird mir etwas kühl. Auf meinen seit Tagen der Sonne ausgesetzten Handrücken erscheinen mittlerweile hässliche dunkelbraune Flecken. Muss meine Hände ab morgen besser eincremen. Beschließe, am Ende der Reise als Ritual meine *botas* zu verbrennen wie einst die mittelalterlichen Pilger ihre Latschen.

Corredoiros

20.08.–12.30 h   Furela
                                                    Bar

Einkehr unterwegs nach Calvor auf einem Weg durch Märchenlandschaften ohne irgendwelche sichtbaren Spuren technischer Beeinträchtigung der Natur. Durch lichtvolle Corredoiros aus urigen Eichen und Kastanien, seitlich begrenzt mit niedrigen Steinmauern, Durchblicke auf verträumte Wiesentäler lassend, die sich wie junge Tiere hinbreiten. Lieblich nennen wir einen Anblick, der an vertrauensvoll lächelnde, schlafende Säuglinge erinnert. Die Worte können mein Entzücken nicht fassen. Solche Landschaften kann es schon längst nicht mehr geben. Ich bewege mich in einem Wandertraum durch bunte Bilderbücher der Kindheit.

Unterwegs waren weiterhin die üblichen Rotten lärmender Kerkelinge und auf Rädern abwärts sausender Todesschwadronen zu ertragen. Schlimmer denn je und wahrhaft lebensgefährlich. Solche Zumutungen haben mich zwischenzeitlich immer wieder in eine andere Wirklichkeit zurück gebeamt. Ein Bursche schwatzte unterwegs laut mit seinem Headset, auf dem Shirt knackige Sprüche, auf dem Gesäß die Aufschrift *„galicia"*.
Die letzte Nacht muss leider doch zu den mühsam erduldeten gerechnet werden. Sie verdient mindestens zwei schwarze Sterne für Schlaflosigkeit, teilweise bedingt durch gewisse innere Probleme. Spätestens in dieser Nacht muss ich realisieren, dass den Kerkelingmassen, mit deren Strom aus Fuß- und Rad-„Pilgern" ich gezwungenermaßen gemeinsam unterwegs bin, bis zum Schluss auf keinerlei Weise zu entkommen sein wird. Denn sie könnten sämtliche zukünftigen Schlafstätten aufgrund ihrer Überzahl belegen. Langsamere ältere Pilger wie ich werden abgedrängt in unbequeme Ecken oder teure, nicht pilgermäßige Hotels, wo sie aber auch nicht ganz bewahrt wären vor ihnen. Denn in Geldnöten befindet sich dieses Jungvolk offensichtlich nicht. Überall, unterwegs wie bei abendlicher Ankunft, drängen sie sich vor, benehmen sich rücksichtslos, stören die notwendige Ruhe weniger robuster Menschen und vergällen ihnen die Endstrecke des Camino. Dass ein besonders großer Andrang in einem heiligen Jahr zu erwarten war, wusste ich, hoffte aber, dass paradoxerweise deshalb manch einer doch lieber zu Hause bleiben würde.
Bei meiner Rückkehr aus dem Restaurant treffe ich, wie erwartet, eine nächtliche Versammlung von ihnen in dem offenstehenden Küchenraum unmittelbar

Corridoeiro

neben meiner Pritsche an. Geraschel zwischen Pizzakartons und Unmengen sonstigen Mülls, lautstarkes Gequatsche, Prusten und Gackern. Ich entkleide mich wortlos in Zeitlupe und lege mich demonstrativ stumm quasi mitten unter ihnen zur Ruhe- wie Lazarus auf seinem Totenbett. Erstaunlicherweise habe ich damit sofortigen Erfolg. Augenblicklich beginnt die gesamte Gruppe zu flüstern und zieht nach fünf Minuten Leine. Ohne Krawall haben sie wohl keinen Spaß beisammen. Aber zehn Minuten später kommen sie schon wieder Treppen runtergedonnert, knallen mit Türen und scheuchen sich gegenseitig johlend durch das hellhörige Haus. So geht es dann die halbe Nacht weiter. Blind sind sie nicht und können die Anwesenheit erschöpfter Personen durchaus erkennen. Aber das juckt sie nicht.

Trotzdem ist es nicht so sehr der Lärm, als meine ohnmächtige Wut, die mich am Einschlafen hindert. Dafür schäme ich mich, aber davon nimmt sie nicht ab. Es ist ein seltsames Phänomen unter Pilgern, das mir wiederholt aufgefallen ist: Man beschwert sich nicht aus einer dumpfen Ahnung heraus, dass es danach noch schlimmer kommen könnte. Zu meinem Groll passen explosionsartige Phänomene in meinem Bauch, die wohl auf Konto der genossenen Bohnensuppe gehen. Später sorgen noch Atemnot und Sodbrennen für die Erkenntnis, dass dieses Gericht sein Geschmackserlebnis nicht wert war. Als ich gegen sechs Uhr doch einzuschlafen beginne, fangen die ersten schon an zu rascheln. An weiteren Schlaf ist danach nicht mehr zu denken.

Zu glauben, dass hier ein Jakobsweg in ursprünglicher Form überhaupt noch existieren könnte, war eine naive, romantische Illusion. Nachfolgehorden des Pilgerpapstes haben diesen längst in eine Kerkeling-Spaßpiste verwandelt. Pilger unterscheiden sich von sportlichen und sonstigen Wanderern durch eine geringere Geräuschproduktion. Sie sind nicht nur leiser, sondern erschaffen auch Stille um sich herum. Was aber so ein richtiger Kerkeling ist, der hält keine Stille aus. Der Pilgersenior muss weichen. Leute wie ich wirken hier wie Geisterfahrer. Den Anwohnern, die von etwas leben müssen— hier ist der Jakobstourismus teilweise einzige Erwerbsquelle — darf man daraus keinen Vorwurf machen.

Man könnte über sinnvollere Verwendung von EU-Mitteln zur Erhaltung des Weltkulturerbes diskutieren als überflüssige teure Steindenkmäler, landschaftsschändende Riesenschilder, restlos entbehrliche PC-Ausrüstungen oder ultramoderne Küchenerlebniszeilen in Herbergen. Doch dann müsste man sich auf Prioritäten einigen. Es bräuchte dafür Experten des Camino mit ausreichender Selbsterfahrung. Gestern hörte ich einen Peregrino von einem Blinden erzählen, der bis Santiago gepilgert sei. Er soll Phantastisches erlebt haben. Man wäre hier freilich besser dran als Tauber.

20.08. -17 h   Aguiada
                                                  Bar

Habe heute aus Müdigkeit frühzeitig in einer Xacobeo-Herberge eingecheckt, weil ich mich nicht weiter quälen wollte. Betonklotz am Wegrand, Schuhregal versperrt Zugang zum Schlafsaal. Alles sehr, sehr eng – dazu in der Mitte des Raums ein gigantischer Müllcontainer, in dem ein ganzer Pilger samt Rucksack Platz fände. Ein-und Ausstieg der Duschen und Zugang zur einzigen Toilette nur möglich, wenn Platz vor den Waschbecken unbesetzt. Denken muss wohl wehtun. Dagegen eine nagelneue Küche mit vollautomatischer Waschmaschine – aber ohne Geschirr. Bester Wille ohne minimale Aufmerksamkeit führt zu absurder Geldverschwendung. Auf einem Oberbett thront eine massige Venus, die sich die Schamhaare zupft. Offenbar ein dringliches Geschäft.

Ruhe mich lange Zeit einfach nur auf meinem Bett liegend aus. Werde später von der diensthabenden Stempelfrau gröblich gerügt, weil ich mich in ein falsches Bett gelegt hätte. Fühle mich unschuldig angeklagt, weil sie nicht mitgeteilt hatte, dass die Betten hier nummeriert sind. Wozu eigentlich? Pilger können problemlos unter sich aushandeln, wer besser oben liegen soll und wer unten. Da habe ich nie eine Diskussion erlebt. Schlendere den Weg ein Stück weiter bis zu einer netten Bar, wo ich meine Frühstücksreste mit Fliegen, Spatzen und einem schwarzen Hund teile. Male die uralte dicke Kastanie, die vor Tricastela stand, und hoffe auf guten Schlaf.

21.08.-13 h   Barbadelo
                                                Restaurant

Hier etwas abseits habe ich ein paradiesisch schattiges Plätzchen an einem kühlen Marmortischchen neben einem Rieselbrunnen gefunden. Eine Frau namens Carmen, die vorgibt, eine berühmte Pfannkuchen-Carmen aus meinem Führer zu sein, will sehen, ob ich vielleicht doch vor Ablauf einer Stunde zumindest einen Salat bekommen könnte. Essenzeit hier erst ab 14 Uhr.

Kühlerlebnisse zählen zu den größten Geschenken des Camino im Sommer. Meinen Hut in kaltes Wasser tauchen und triefend nass aufsetzen bewirkt ein Wunder an Belebung. Die kalte Dusche nach Ankunft am

Abend – eine echte Gnade. Ohne Wasser käme der Camino einer Todesstrafe gleich. Hier lasse ich mich mit kühlem Schatten beschenken. Die Menschen aus dieser Gegend verstanden schon immer viel von Klimatechnik. Ich sitze einfach nur da und genieße mein Lebendigsein.

Der Weg hierher führte durch alten Kastanienwald stetig aufwärts und war nochmals ein großes Naturerlebnis. Zu steil selbst für die sportlichsten Radler, mussten diese hier ihre Drahtesel aufwärtsschieben. Skurrile Pilgertrachten unterwegs zu Gesicht bekommen. Eine hochbetagte Pilgerin mit offenem Grauhaar im schwarzen Negligé mit grünen Kniestrümpfen, über dem dicken Bauch ein Schild mit Namen und Pilgerausweis, seltsam und rührend. Mitten in schönster Natur riesige knallfarbige Mülltonnen, viel hässlicher als Müllberge ohne Tonnen überhaupt sein könnten, die Behälter sämtlich überquellend von Müll, der zusätzlich darum herum verstreut liegt. Mein eigener Aufzug mit diesem merkwürdigen über der Brust baumelnden Trinkschlauch – *Anus praeter* auf Intensivstation? – und meinen dreckstarrenden, tiefhängenden Hosen dürfte auch kein erhebender Anblick sein.

Funkstille und Frieden im Hirn atme ich dankbar die duftende Ruhe der Natur. Welches Glück, dass ich dieser Reise gewachsen bin und sie noch unternehmen kann. Was gehen mich die Kerkelinge an.

Die Nacht in dem überfüllten Betonkasten war recht gnädig. Es gab nicht einmal nennenswertes Schnarchen. Rätselhaft, durch welchen Geist manche Orte offenbar zivilisierenden Einfluss auf Gäste haben.

21.08. -20.30 h Mercadoiro
Herbergsgarten

    Das Wegwunder durch Hobbit- und Kinderland lässt nicht nach. Alles scheint ewig, wie es immer war und bleiben wird. Es würde mich nicht erstaunen, wenn ein Einhorn hinter dem nächsten Baum hervorträte, um mich anzusprechen. Mächtige Baumwesen, von denen kaum geträumt werden könnte, reichen sich in der Höhe ihre Zweige und gewähren geduldig eiligen Pilgern Schatten. Spüre die Elemente als Lebensspender mit ihren Qualitäten. Erde, die uns immer schon Schutz und Nahrung gegeben hat. Luft, die Duftgeschenke verteilt, Wasser, das Kühle bringt, Feuer als Lichtbringer, viel Raum für Stille und Zukunft. Das Glücksempfinden wird so intensiv, dass es mir den Atem verschlägt und Tränen in die Augen treibt. Endlich kann ich mich dankbar fühlen, selten genug. Alles andere spielt keine Rolle. Unter diesen Baumgreisen verstummen sogar Kerkelinge. Einer marschiert mit einem Baum von Wanderstab vorbei, viel länger als er selbst. Einen anderen schleppen Pilger auf seinem Rad bergauf.
    Wie schon oft zog sich der Weg zuletzt ziemlich in die Länge. Diesmal hatte ich Erfolg mit einer telefonischen Voranmeldung, konnte aber dann meine Herberge lange Zeit nicht finden. Es wurde später als gedacht. Wie befürchtet -weil allzu naheliegende Praxis- wurde mein reserviertes Bett inzwischen anderweitig belegt. Die Herberge schien voll besetzt. Das angebliche Versehen hatte zur Folge, dass ich zum Ausgleich dafür eine grandiose Suite in dieser besonders stimmungsvollen Unterkunft erhielt - mit eigener Dusche und Toilette samt einem superbreiten französischen Doppelbett. Ein unschätzbares Glück.

Meine Wäsche hat eine Maschine gewaschen einschließlich der schweißgestärkten Hosen. Jetzt hängt sie auf der Leine und wird in der Abendsonne auch spät noch trocknen.

Ich lagere bewegungslos auf einem eleganten weißen Ledersofa in der Bar, unsagbar müde und zu faul zu jedweder Bewegung. Nicht einmal die Fliegen mag ich verscheuchen. Meiner Natur eher fremd, schaue ich einfach nur um mich. Faulheit wäre mal ein ganz neuer Genuss. Durch eine Glastür sehe ich in einen stilvoll angelegten Innenhof voller Rosen. Durch mein Gesichtsfeld – habe keine Lust, auch nur den Kopf zu drehen – schleichen ein paar Fußlahme barfüßig oder humpeln in Latschen vorbei. Die Schönheit dieses Ortes ist ungreifbar, aber sehr präsent.

Da entdecke ich eine hochhackige Pilgerin. Sie trägt ihren Rucksack nicht selbst, denn diesen transportiert für sie ihr hochverliebter Kavalier. Man setzt sich. Wie er sie ansieht, voll ungeduldiger Vorfreude auf das Finale dieses Tages, seine Wangen glühen, die Beine wippen. Ob ich es erleben werde, dass mein Enkel mir das Mädchen zeigt, dass er liebt? Eine Schöne auf Augenhöhe? Ich stelle sie mir vor: schlank, gescheit und cool. Unbedingt wird sie hohe Hacken tragen wollen, es muss ja nicht jeden Tag sein. Ich hoffe, dass sie ihm so gefällt und gefallen will. Ob ich als Urgroßmutter Liebe und Achtung genießen werde?

Ich bekomme als Tischnachbarin eine portugiesisch sprechende Brasilianerin. Zu meinem Erstaunen haben wir beide keinerlei Schwierigkeit, uns sprachlich zu verständigen. In puncto Kerkelinge erkennen wir uns als Leidensgenossinnen.

22.08. −20 h　　　　　　　　　Ventas de Narón
　　　　　　　　　　　　　　　　Herbergsbar

Eine wahrhaft gesegnete Nacht in Mercadoiro erlebt. Später Aufbruch. Öde Strecke meist entlang der Landstraße. Mehrfache Ausschilderung: Achtung Pilger-Krötenwanderweg. Wir wären demnach etwa so schutzwürdig wie Kröten. Ich fürchte, das reicht mir nicht ganz. Wiederholt mühsame Aufstiege, ohne dass oben mehr zu sehen war als Fabrikhallen und leere Betonkästen. Auch Portomarin war kaum der Mühe des Umweges wert. Bin froh, in Ventas de Narón nach eher langweiliger Tour endlich mein Tagesziel erreicht zu haben. Konnte nach der Erledigung von Waschgeschäften genussvoll ausruhen und ein kurzes Schnarchkonzert im Schlafsaal sogar genießen. Es schienen musikalische Bläser mitzuwirken. Danach waren drei vorhandene Gartenstühle allesamt von einer einzigen Frau in Beschlag genommen, die ihre Fußnägel lackierte- seelenruhig. Suchte mir einen anderen Platz und habe dort zwei kleine Aquarelle gemalt.

Jetzt sitze ich im Barrestaurant und habe leidlich gut gespeist: Kohlsuppe, irgendwelchen Fisch und *membrillo* (Quittengelée). Neben mir an einem Nachbartisch ein einsamer, eingefleischter Vorzugsschüler. Jede Geste von ihm wird zur Demonstration eigener Vorzüglichkeit. Ich will jetzt aber nicht erfahren, ob der Besserwisser Deutscher ist. Morgen muss ich zusehen, ob es vor Melide noch eine andere Unterkunft gibt. Es wird mir sonst zu weit. Erfüllt von umfassend tiefer Zufriedenheit.

23.08.-13.30 h Palas del Rei
Restaurant

Gestern eine hoffnungslos öde Nacht verbracht mit stundenlangem Wachliegen ohne greifbaren Grund. Abneigung, die stickige Luft in dem kleinen Raum gemeinsam mit anderen einzuatmen. Türendrescher im Nebenraum am Werk. Erst zu heiß, dann zu kalt, die Matratze bucklig, meinen Körper abstoßend statt aufnehmend. Trotzdem am Morgen keine besondere Müdigkeit. Aufbruch bei regenverheißender, dunstiger Witterung. Bislang war das Wetter ja an beinahe allen Tagen optimal zum Wandern. Also durfte es jetzt doch auch einmal regnen in Galicien, wo tägliche Schauer angeblich die Regel sind.

In diesem Restaurant Forxa soll es erschwingliche Feinschmeckergerichte geben. Das wissen aber auch andere, daher ist es besetzt bis auf den letzten Stuhl. Habe mich hier zu einem ebenso preiswerten wie leckeren Menü niedergelassen. Ich fühle mich noch frisch genug für die verbleibenden zehn Kilometer. Aber ob ich dort noch einen Platz zum Schlafen finden werde, ist nicht sicher. Neben der Bar plötzlich ein anhaltendes Geläute, das etwas Bedeutendes signalisieren muss. Denn dort stehen etliche Pilger Schlange, um sich beim Läuten einer berühmten Kirchenglocke fotografieren zu lassen.

Unterwegs habe ich einen Radpilger gesichtet, der seinen Riesenschnauzer im Anhänger mitführte. Groteske Outfit-Varianten kamen zum Vorschein, als Regen einsetzte. Einer lief mit einer bodenlangen Templerschleppe herum, dabei grölend wie ein betrunkener Fußballfan. Ich antwortete ihm in selbiger Manier. Das musste einfach mal sein. Woraufhin er so tat, als ob er sich ab sofort nur auf Zehenspitzen

bewegen dürfte. Eine halbe Stunde später trafen wir uns wieder. Er erinnerte sich und mimte für mich einen galoppierenden Reiter wie ein Fünfjähriger.
Wir passierten eine historische Herberge. Junge Leute missionierten hier und verteilten Papiere mit Bibeltexten über Jesus in mehreren Sprachen. Es wird Zeit, dass wir den Heiland als Werbefigur auf dem Bildschirm zu sehen bekommen:
Jesús recommenda esto queso fresco por el camino.

23.08.-18 h Abridgadoiro
Herberge

Habe heute keine große Strecke geschafft und wollte diese kultige Herberge auch kennenlernen. Hier sollte noch für Pilger gekocht werden, eine seit den Pyrenäen ganz in Vergessenheit geratene Möglichkeit, Atmosphäre zu schaffen. Laut Führer werde hier auch gemeinsam gebetet, wozu ich nicht unbedingt Anleitung suche. Vor allem aber würde sicher kein Lärm aufkommen, und das war für mich entscheidend. Ich finde eine ansprechende Anlage mit Familienführung vor. Die Gebäude sind sehr alt, alles darin wirkt einfach und echt. Habe mir im Dachstuhl eine gute Ecke ausgeguckt, wo ich mich einrichten und gründlich ausruhen kann. Nach mir zu urteilen, schlafen Pilger verhältnismäßig viel. Da es regnet, wird meine Wäsche diesmal kaum trocknen. Im Anschluss an die Ruhepause macht es mir große Freude, draußen trotz Regen unter einem Sonnendach wieder zwei Aquarelle entstehen zu lassen. Aber es wird dann doch recht kühl.

Hundepilger

Ein glücklich empfundenes Ereignis heute bestand darin, meine unterwegs verschwundene Sonnenbrille wiederzufinden. Zu diesem Glück hat mir konzentrierte Erinnerung verholfen. Diese Brille durfte einfach nicht weg sein. Ich musste lediglich hundert Meter zurückgehen, und dann lag sie genau dort im nassen Gras, wo sie mir aus einer Tasche gefallen sein musste. Zu sehen war sie nicht, dazu war das Gras zu dicht und hoch. Ich konnte blind in ein bestimmtes Büschel hineingreifen und wusste, dass sie nur dort sein konnte.

Als Pilger, der nur unbedingt benötigte Dinge mit sich führt, hat man oft intensive Ängste, Wichtiges zu verlieren. Die meisten erleben aber unterwegs, wie leicht sich auf abhanden gekommene Gegenstände verzichten lässt, und dass sich sofort Ersatz dafür bietet. Der Verlust dieser geschliffenen Sonnenbrille, die ich wegen meiner Lichtempfindlichkeit täglich brauche, hätte mich doch stark beeinträchtigt.

Unterwegs tauchten sporadisch kunstverdächtige Objekte auf. Vor Palas del Rei säumten über eine längere Strecke hinweg Dutzende ziemlich funktionslos wirkender Metallkästen in regelmäßigen Abständen den Weg, deren Bestimmung undefinierbar blieb. Wären sie hohl gewesen, hätten sie als Müllbehälter dienen können, wenn auch seltsam elegante und kostspielige für die Waldumgebung. Immer wieder begegnet man der stilisierten galicischen Mickey Mouse zu Fuß oder per Rad. Ortsnamen fehlen zumeist.

Storchenpaar

24.08. −14 h   Melide
                                           Restaurant

   Wundervolle Nacht in pöbelfreier Atmosphäre in der
liebenswürdigen Gesellschaft einer besonders angenehmen Zimmergenossin. Obwohl noch jung, zelebrierte
sie ihre Ruhe ebenso intensiv wie ich. Beim Abschied
wollte sie sich für ungewöhnliche Wortkargheit ent-
schuldigen. Dann habe ich mich aber dafür bedankt,
und wir haben uns verstanden.
   Abends fand wirklich eine Gemeinschaftsspeisung
im Restaurant statt. Dabei ergab sich Gelegenheit zu
interessanten Pilgergesprächen. Meine Partner waren
ein Italiener und eine Frau, die zuvor den Nordweg
bewandert hatte, weil dieser als ursprünglicher, weniger vermarktet und schwächer bevölkert gilt. Sie
war aber tief enttäuscht, da sie nur unzugängliche
Kirchen und sportbesessene Wanderer angetroffen
hatte. Von dem Camino francès fühlte sie sich jetzt
jedoch noch stärker abgestoßen, vor allem aufgrund
der Entweihung von Wegkreuzen durch Müllzubehör.
   *„Was bitte haben Sandalen an einem Kreuz verlo-
ren?"*
   Alles, was diese Frau sagte, hätte zu anderen Zeiten von mir stammen können. Aus ihrem Mund klang es
in meinen Ohren jetzt nach einem peinlichen Camino-
Fundamentalismus, weshalb ich lieber dem Italiener
zustimmte. Der vertrat den toleranten, individuellen
Part: jedem sein eigener Weg, keine Konfektionie-
rung. Er verwies auf Formen religiöser Riten, die
sich in Freudentänzen äußern. Mir können Schuhe an
einem Kreuz durchaus viel sagen. Wer wollte spiri-
tuelle Erfahrungen anderer beurteilen? Ob etwas
stattgefunden hat, das eine solche Bezeichnung

verdient, wie dies auszusehen hätte, sollte jedermanns eigene Sache sein dürfen. Bleiben allerdings die leidigen Störfaktoren, über die sich alle gleichermaßen aufregen, die selbst Rücksicht nehmen und keinen Lärm machen. Dies trifft zumeist eher auf die älteren Pilger zu.

Auf dem Weg nach Melide wälzten sich immer größere Massen Jugendlicher in Pilgermontur mit Riesengaudi durch die Gegend. Als Radpilger kamen sie wie Bomben bergabwärts geschossen. Man wäre bei einem Zusammenstoß wahrscheinlich sofort tot, ohne etwas zu spüren. Heute stimmte mich ihr Anblick eher melancholisch. Was wollen denn diese verwöhnten Sprösslinge betuchter Eltern noch vom Leben erwarten, wenn sie schon in früher Jugend alles gesehen haben, und nichts davon wirklich von Bedeutung war? Sie könnten ihre Ferien freilich sinnloser verbringen als auf einem sogenannten Jakobsweg, auch wenn sie ihn nur als touristisches Massenevent zu feiern wissen.

24.08.-20 h   Arzua
                                                          Herberge

Eher primitive, und wegen der Nähe zum Endziel relativ teure Unterkunft, wobei hier Unterschiede zwischen Hotel und Herberge nicht mehr auszumachen sind. Es gibt nämlich auch Herbergen mit Hotelabteilung. Um die höhere Ausgabe wett zu machen, will ich heute kein zweites Menü mehr zu mir nehmen, sondern meine Reste verspeisen. Zu altem Brot mit geschmacklosem Käse, gibt es Tintenfisch aus der Dose und Rotwein aus der Plastikflasche. Übermorgen könnte ich in Santiago eintreffen. Freue mich auf ein nettes

Zimmerchen dort für zwei Tage, vielleicht sogar ein warmes Bad.

Wir sind hierher auf einem langen ansteigenden Weg durch hochstämmige Eukalyptuswälder gelangt. Fitter scheine ich aber doch nicht geworden zu sein, denn die letzte Steigung hat mich auch meine letzte Kraft gekostet. Habe die Schritte bis fünfhundert Meter – laut Führer- tatsächlich gezählt. Wäre lieber alleine gewesen, als unter Londoner Slang sprechenden Jugendlichen, deren krachlederne Lachsalven mir Zahnschmerzen verursachten. Übrigens ist mir ein morscher Backenzahn abgebrochen.

Doch dann begegnete mir ein Pilger, den ich malend verewigen werde. Er überholte mich und drehte sich dann um, weil ich so laut lachen musste bei seinem Anblick. Dieser sympathische Junge transportierte auf dem Rücken über seinem Rucksack nämlich seinen Riesenhund in seltener Hingabe. Habe sagen hören, dass Hunde auf längeren Strecken weniger wandertüchtig sein sollen als Menschen, weil sie sich leichter wunde Pfoten holen.

In dem Herbergshotel existiert eine einzigartige Doppeldusche in nie gesehener Luxusausführung. Ansonsten ist alles beinahe rührend grotesk eingerichtet. Den weißen Kies auf dem Erdboden draußen haben sie mit giftgrünem Kunstrasen belegt. Darauf steht als Unikat ein wundervoll gemaserter, solider Holztisch, zu dem die weitere Coca-Cola-Ausstattung einen heftigen Kontrast bildet. Der Tisch vermutlich eine Handarbeit vom Vorgänger der jetzigen Inhaber, die wohl einen weniger sensiblen Geschmack haben. Geldmangel dürfte diesen ästhetischen Bastard wieder einmal nicht bewirkt haben. Die Leute sind allerdings sehr entgegenkommend und hilfsbereit, weil sie ihren Job offenbar gerne versehen.

Es ist, wie es ist

25.08. 21 h   Brea vor Irene
                Pension

Die letzte Nacht fiel besser aus trotz stickiger, fliegengesättigter Luft in dem ödesten Schlafraum, den man sich vorstellen kann. Unfreiwillig viel herumgewälzt und mit meinem klapprigen Hochbett geknarrt, das beim Ersteigen fast umgekippt wäre. Morgens beim Frühstück dem netten Italiener aus Abrigadoiro wieder begegnet, der schweißtriefend angehumpelt kam, erschöpft von der letzten großen Steigung. Sein Problem waren mehrere Blasen, die mich auf 2000 Kilometer in fünf Jahren verschont und erst zu Hause auf dem Weg zum Supermarkt erwischt haben. Man verabschiedete sich in der Erwartung, sich in Santiago sicher wieder zu treffen, wie es oft so kommt.
Bedecktes Wetter, das lange Zeit nach Regen roch, der sich aber nicht einstellte. Schöne, kühle, wohlriechende Eukalyptuswälder mit gelegentlichen kleineren Anstiegen. Sah unterwegs einen Pilger, der rückwärts lief. Beobachtete ihn eine Weile und überlegte, ob es sich um das Rudiment eines mittelalterlichen Rituals handeln könnte. Damals sollen manche Pilger auf Knien nach Santiago gerutscht sein. Als ich ihn schließlich ansprach, hörte ich, dass er mittels dieser Prozedur seine Knie schonen wollte.
In einer Bar sitzend, betrachtete ich den immer dichter werdenden Strom seltsamster Gestalten, die an mir vorbei hinkten, humpelten, krochen und schlurften oder schlichen. Fast alle waren wir jetzt Fußkranke. Einer lief wie ein Uhrwerk im Sekundentakt und schaute dabei ständig auf die Uhr. Ich

betrachtete meine Mitwanderer und fühlte mich mit ihnen als Teil eines stummen Bekenntnisses mit den Füßen. Beginne jetzt, in mir anzukommen.

Am Wegrand sehe ich grabsteinähnliche, aufrechtstehende Schiefertafeln. Ein Denkmal für einen auf dem Camino verunglückten jungen Pater. Warum machen wir ein solches Theater um das Sterben? Wenn wir Mozart verstehen könnten, der den Tod seinen besten Freund nannte, hätten wir ein leichteres Leben.

Wie jeden Tag, werden die letzten beiden Stunden immer schwerer und schwerer. Der Atem verkürzt sich mehr und mehr, die Augen brennen vom Schweiß, die Beine lassen sich kaum noch heben. So lande ich hier in dieser Pension, die zwar charakterlos ausschaut, dafür aber eine überraschend erschwingliche Übernachtung bietet. Noch einmal genieße ich das unvergleichlich köstliche Gefühl einer warm-kalten Dusche und unbegrenzt ausgiebigen Ruhepause im breiten Bett.

Anstelle des Schlafes überfließt mich als ganz unerwartetes Geschenk ein Gefühl intensiver Liebe, der geschenkten wie der im Leben erhaltenen. Jeder hat gegeben, soviel er konnte und hatte. Keine Fragen bleiben offen, es gibt mit niemandem mehr etwas zu klären. Alles ist als Geschenk gekommen, wie es sein sollte, und alles stimmt. Ich staune über eine bedingungslos tiefe Zufriedenheit, die so absolut ist, dass sich jedes Denken und Handeln erübrigt. Dass es eine solche gibt, wusste ich bis dahin nicht. Es ist, wie es ist, wie es ist…………

26.08.-14 h   Cavacolla
                                               Restaurant

Wunderbar ruhige Nacht. Morgens diesig bis regnerisch, aber sehr mild. Erstmalig keine Lust, mich fortzubewegen. Sollte ich mir diese letzte Etappe vielleicht schenken? Obwohl ich weiß, dass das nicht in Betracht kommt, belustigt mich der Gedanke als Möglichkeit. Heute sind plötzlich sogar Kinderscharen unterwegs. Eine Gruppe von Pilgerinnen scheint im Gehen so in ihr Gespräch vertieft, dass sie mehrmals in die falsche Richtung abirren und von mir zurückgerufen werden. Ich will ihnen aber nicht versprechen, jetzt weiterhin auf sie aufzupassen. Wir lachen gemeinsam. Schöne, schattige, duftende Waldwege mit samtweichem Boden, mal aufwärts, mal abwärts. Und wieder diese radelnden Kanaillen, diesmal in Serien zu dritt nebeneinander als abwärts sausende Geschosse, mit Hupen, Brüllen oder Pfeifen die Pilger von weitem aus dem Weg scheuchend.

Mein Hirnautomat beginnt mit einer Berechnung meiner Bilanz: in 5 Jahren bin ich 18 Wochen unterwegs gewesen, dabei circa 2000 Kilometer gelaufen, das macht etwa 2000000 Schritte in insgesamt 120 Tagen. Von diesen ungefähr 200 schlaflose Nachtstunden, circa 800 Liter Flüssigkeit getrunken und abgegeben. 250 Bars aufgesucht, dort ebenso viele Milchkaffees getrunken und *bocadillos* gegessen. Dabei mindestens einen halben Ochsen als Schinken und einen riesigen Käselaib verschlungen, 20 Liter Wein getrunken. Wenigstens 5 Kilogramm Fett verbrannt, zwei Wanderhosen aufgebraucht, drei Paar Wanderstöcke, aber nur ein Paar Stiefel. Etwa 10000 Pilgern begegnet, bestimmt 5000 rot-weiße Wegmarken oder gelbe Pfeile gesichtet. Letztere werden mir in Zukunft sicher fehlen. Nur noch 10 km bis zum Ziel.

26.08.–22 h   Santiago de Compostela
                                               Hotel

Von unterwegs konnte ich mir ein Zimmer im Hotel de la Salle telefonisch reservieren lassen. Nach Monte de Gozo war der letzte Weg ganz leicht und führte nur noch abwärts. Regnerisches und warmes Nebelwetter, bei dem man wenig Lust mehr hätte, die Wanderung fortzusetzen. Sehr langgezogene Strecke bis zur Innenstadt, perfekt ausgeschildert. Eine ehrwürdig anmutende Altstadt ohne allzu viel des befürchteten Religionskitsches. Dann endlich durch eine schmale Straße ein erster Blick auf eine der berühmtesten Kathedralen der Welt, die mich dann doch unerwartet tief beeindruckt. Obwohl mir Barock sonst weniger liegt, kann ich diese einzigartige Integration mit Romanik nur als selten schönes Kunstwerk bewundern.

Noch ging ich aber nicht hinein, sondern reihte mich in die Abendschlange der Pilger zum Empfang der *Compostela* ein. Sah einige bekannte Gesichter wieder, man winkte sich lächelnd zu. Die Ärmsten, die hier im Pilgerbüro Dienst tun, müssen täglich einen gigantischen Massenandrang verkraften. Kein Wunder, dass sie teilweise nach Burnout aussehen. Mit der regengeschützten Rolle in Latein unter dem Arm begab ich mich auf Hotelsuche. Da ich eine falsche Hausnummer bekommen hatte, dauerte diese längere Zeit. Ein freundlicher Herr, den ich deswegen aus seiner Wohnung klingeln musste, begleitete mich mehrere Straßen weit. Diese Leute hier haben einfach Stil.

Mein Zimmer im Hotel verfügt über ein einfaches Hochdoppelbett, ein winziges Duschkabinett mit WC und einen kleinen Schreibtisch. Ich darf es für ganze 28 Euro als Singleroom drei Nächte benutzen. Es hätte schlimmer kommen können. Santiago de Compostela– zum

Glück ganz und gar nicht abstoßend – scheint mir ein
sehr geeigneter Zielort für eine Pilgerreise – obwohl
es vielleicht auch ein anderer mit langer Geschichte
und alten Kunstdenkmälern hätte sein können.
Freue mich auf Besichtigungen morgen – und hoffe
natürlich auf das berühmte Spektakel eines schwingenden
botafumeiro.

27.08.-10 h Santiago de Compostela
  Bar

Sehr erfüllter Tag mit verschiedenen Einkäufen –
unter anderem spanische *espadrillas*– und Besuch der
Kathedrale. Die Pilgermesse gegen Mittag hat mich
wider Erwarten tiefer bewegt als jede andere Messe
zuvor. Das Ritual war unspanisch schlicht. Eine einzelne
schöne Frauenstimme sang Psalmstrophen vor,
die Gläubigen sangen sie nach. Ein ständiges Kommen
und Gehen im Hintergrund störte mich nicht. Ich
hockte am Fuß einer Steinsäule auf dem Boden. Neben
mir sah ich direkt in einen offenen Beichtstuhl hinein,
vor dem nacheinander Menschen aus einer Warteschlange
kniend Platz nahmen.

Ein einfacher Mann in verschwitztem T-Shirt, mit
dem Rücken zu mir, musste endlos viele Sünden zu
beichten haben, denn er brauchte eine halbe Stunde.
Ich sah den Pater von vorne, wie er den Beichtling
väterlich bei den Schultern hielt. Der ließ sich
offensichtlich schwer bewegen, die gewährte Vergebung
anzunehmen. Nach ihm kam dann ein kleiner Junge
von etwa acht Jahren dran. Auch dieser hatte eine
lange Liste an Verfehlungen loszuwerden. Die Möglichkeit
der Beichte empfand ich hier als Segen. Ein
Priester zählte alle Länder auf, aus denen die Pilger

hierhergekommen waren. Keine Orgel, kein Getue. Das war alles. So lichte Momente sind selten.

Das legendäre Rauchgefäß, das wohl nur noch dann benutzt wird, wenn ein Pilger eine besonders große Summe gespendet hat, habe ich lediglich in einer Kapelle hängen sehen. Es hat mir hier nicht gefehlt. Um das Schwingen des großen Weihrauchfasses als touristisches Spektakel letztlich doch noch bewundern zu können, habe ich zwei weitere Pilgermessen an diesem Tag besucht. Die zweite war bloß noch langweilig. Bei der dritten hatte ich zwar Erfolg, fand das Event aber eher komisch. Der ehrwürdige alte Kessel kam überhaupt nicht zum Einsatz, sondern ein neuer, viel kleinerer, der von Tchibo hätte stammen können. Dieser wurde höher geschaukelt, als ich mir vorgestellt hätte. Man sah Schadstellen im Deckengewölbe, wo er öfters dagegen gedonnert sein musste. Einige Priester kramten rasch ihre Kameras aus ihren Soutanen, um das Ereignis zu knipsen, sogar von der Kanzel aus. Hinterher hat die Gemeinde frenetisch geklatscht, wie früher nach gelungener Landung im Flieger.

Mittags fand ein Treffen deutschsprachiger Pilger statt, überwiegend Rentnerehepaare. Dieses hätte ich mir sparen können, denn die gesuchten Informationen konnte ich dort nicht erhalten. Dagegen hat es mich angeödet, eine volle Stunde lang endlose Beschwerden anzuhören über unhygienische Zustände, überteuerte Preise und alle möglichen Ungerechtigkeiten. Von dem ständigen Lärm war aber kaum die Rede, und das Problem mit den Radfahrern hat außer mir niemand erwähnt. Die Massen jugendlicher Pilger begrüßten etliche Anwesende voller Rührung- dieselben beklagten sich über überfüllte dreckige Herbergen - als Zeichen einer nicht verlorenen heilen Welt. Wahrscheinlich waren es Eltern, die ihre Sprösslinge gerne auf

Botafumeiro

den Jakobsweg geschickt hätten, damit dieser sie zu rücksichtsvollen Zeitgenossen nacherziehen sollte. Sie schienen sich ganz unvorbereitet auf den spanischen Camino begeben zu haben, mit einem für sie durchweg enttäuschendem Resultat. Für mich konnte ich trotz aller Unbill eine gelungene Reise festhalten.

28.08.-16 h　　　　　　　　Santiago de Compostela
　　　　　　　　　　　　　　　　Hotel de la Salle

　　Herrlich sonniges, sehr warmes Wetter. Habe einige Museen besichtigt. Will morgen bis Cee Richtung Finisterra mit dem Bus fahren. Busbahnhof mit den Abfahrtzeiten ausgemacht. Eingedenk früherer Erfahrung ganz detaillierte Recherche von Abfahrtszeiten und exaktem Abfahrtsort. Freue mich sehr auf das Meer und meine auch, schon einige Möwenschreie zu vernehmen. Weil in Santiago alles von Paaren wimmelt, fühle ich mich jetzt doch etwas einsam als einzelne Pilgerin.

28.08.-20.30 h　　　　　　　Santiago de Compostela
　　　　　　　　　　　　　　　　　　Restaurant

„Wer das Dach der Kathedrale von Santiago de Compostela ersteigt, wird durch die seltene Schönheit des Tempels hoch erfreut und seine Seele erhoben werden, auch wenn sie zuvor niedergedrückt gewesen sein sollte." Sagt der Codex Calixtinus.

Vom Dach der Kathedrale bietet sich tatsächlich ein Anblick vollkommener Harmonie verschiedener Stile und ein atemberaubend schönes Panorama. Die eigenartig gelbgrüne Färbung der Steine wirkt geheimnisvoll, ist bedingt durch Flechtenbewuchs und unterstreicht das Alter des Gebäudes. Man hat in Santiago wider den Rat von Altertumskundlern zum Glück darauf bestanden, diesen Bewuchs zu erhalten, anstatt ihn zu entfernen. Denn man war überzeugt davon, dass diese Flechten die Steine nicht nur keineswegs zerstören, sondern sie sogar konservieren helfen. Ich bin darüber hocherfreut, weil ich weiß gestylte Kirchen so reizlos finde wie geliftete Gesichter.

Der künstlerische Hochgenuss, vermittelt durch ein architektonisches Gesamtkunstwerk, hebt meine Stimmung augenblicklich. Eigenartige Stufenanordnung auf dem Dach, die sich stilistisch schwer zuordnen lässt. Früher haben die Pilger dort oben ihre stinkenden Kutten und Latschen verbrannt. Auf dem großen Platz neben der Kathedrale befand sich damals ein Friedhof. Dort wurden diejenigen Pilger beerdigt, die es lebend gerade noch bis zur Ankunft geschafft hatten, dann aber glücklich verstarben. Am Ziel des Camino zu sterben, galt als direkteste Fahrkarte ins Paradies.

Nach dieser Dachbesteigung suche ich eine Kirche mit unaussprechlichem Namen auf, in der Zisterzienserinnen eine Abendmesse singen. Ich lasse ihre einfachen Wechselgesänge als sanfte Harmonien auf mich wirken, dazu die Choreografie ihrer gegenseitigen Verneigungen. Nur wenige Zuhörer im Raum. Gut, dass ich keine mittelalterliche Pilgerin bin, denn diese hatten bis zur Erlangung der Seligkeit immense Qualen zu erdulden. Aber gab es überhaupt Pilgerinnen? Als moderner Mensch darf ich mir vieles erlassen. Ob sich dadurch die Intensität des Glücksempfindens vermindert? Der moderne Normalzustand heißt wohl Langeweile.

Schlussakkorde

29.08   Finisterra
                                                   Bar

Dass heute ein Tag geworden ist, den ich lieber gestrichen hätte, lag daran, dass preiswerte Bahnverbindungen mit zeitlicher Fixierung verbunden sind. Ohne festgelegten Rückfahrttermin hätte ich angenommen, dass kein Mensch permanenten emotionalen Höhenflügen gewachsen ist, wäre mit dem Bus nach Finisterra und anschließend nach Muxia gefahren, hätte mir Leuchtturm und Sonnenuntergang angesehen, im Atlantik gebadet und wäre dann heimgefahren. So aber hatte ich jetzt noch alle Zeit der Welt und wollte sie irgendwie sinnvoll verbringen. Heute erwies sich dies als schwierig.

Bin um neun Uhr von Santiago aufgebrochen, mit dem Bus Richtung Finisterra gefahren, aber nur bis Cee. Die Fahrt dauerte fast zwei Stunden, die mir eine deutsche Pilgerin mit unstillbarem Rededrang gründlich verdorben hat. Als ob eine übervolle Blase angestochen worden sei. Kein Halten, alles, wirklich alles musste unbedingt erzählt werden. Witzigerweise gehörte dazu auch die Mitteilung, wie sehr sie selbst unter der Redefreudigkeit anderer zu leiden pflegt. Vielleicht suchte sie sich so vor einer Zuhörerrolle zu schützen. Bei unserer Trennung atmete ich auf.

Mein Plan sah vor, dass ich von Cee aus zurück nach Hospital wandern, von dort aus den Weg nach

Muxia einschlagen wollte. Zum Glück wurde mir aber schon nach wenigen Minuten klar, dass diese Idee im Ansatz unsinnig war. Denn niemand auf der Straße war in der Lage zu der einfachsten Wegerklärung, heute war außerdem Sonntag, und man konnte auf dieser Strecke auch nicht mit Übernachtungsmöglichkeiten rechnen. Habe also in Ruhe einen Salat gegessen, und bin dann in Richtung Finisterra losgelaufen.

Obwohl das Meer überall schön ist, hier sogar besonders blau, hat mich diese galicische Gegend tief enttäuscht. Keine Idee von der im Führer beschworenen Ursprünglichkeit. Mich beschlich wieder der Gedanke an gekaufte Autorenkommentare zwecks Belebung regionaler Konjunktur. Wohin ich schaute, waren überall nur geschniegelte, frisch lackierte und nagelneue Badeorte für Familientouristen zu sehen, die aus den Nähten platzten vor fett-fress-vergnügungs- und lärmsüchtigen Familien mit vielen dicken Autos. Dieser Weg, zwangsläufig in größter Mittagshitze zurückgelegt, permanent ansteigend auf schattenloser Landstraße, kompliziert durch miserable Auszeichnung, wurde mir zur Qual. Wo es Pfeile gab, waren diese mal gelb, mal blau, mal rot und zeigten in absurde Richtungen. Eine betreffende Farberläuterung fehlte in meinem Führer. Ich argwöhnte, dass boshafte oder geschäftstüchtige Leute sich einen Spaß daraus gemacht hatten, blöde Pilger einfach in die Irre oder in ihre neue Bar zu leiten. Sonstige Wegweiser waren dermaßen intelligent platziert, dass bei vielen nicht zu erraten war, was sie bedeuten sollten. Selbst die eingelegte zweistündige Siesta im Garten einer verlotterten und bis zum Abend geschlossenen Herberge, half wenig. Es war so extrem, dass ich zeitweise einen Hitzschlag zu bekommen fürchtete, und für diese kürzeste Etappe mehr Zeit als für sämtliche vorangegangenen brauchte. Wobei der ständige Anblick eines tiefblauen Meeres den ironischen Eindruck einer Fata Morgana machte. Wenn ein Bus auffindbar gewesen wäre, hätte ich ihn bestimmt genommen, ich fand jedoch keinen, und Warten in dieser Gegend schien mir vollends unerträglich. Der Weg bis zu meiner anvisierten Herberge mit Reservierung dehnte sich also unvorstellbar weit. Diese lag zwar ungemein schön am Leuchtturm, wirkte aber schmuddelig und lärmträchtig. Mitten in dem bescheidenen Raum stand ein massiger, raumgreifender Armstuhl, überflüssig wie ein Kropf. Mir war alles egal. So dringend habe ich die Ruhe nach meiner Ankunftsdusche fast noch nie gebraucht- und nie so genossen. Ich rechnete damit, dass die Erschöpfung mir wenigstens einen guten Schlaf sichern würde.

30.08.-18 h   Finisterra
                                               Strand

Nach eben ausreichender nächtlicher Erholung – mit Nackenreißen infolge holzartigen Kopfkissens – habe ich mich morgens aufgemacht in diesen verschlafenen Ort. Abgesehen von sechs bis acht Banken auf kurzer Strecke, offen schon um diese Zeit, war alles geschlossen. Niemand hatte eine Ahnung von irgendwas, nicht einmal Spanisch schienen die Leute hier zu verstehen. Wenigstens öffnete endlich ein Supermercado. Habe mich an dem Anblick von 1001 Dingen gelabt, weil ich diese alle nicht brauchte. Dann verabschiedete ich mich von einer Frau, die in der Herberge letzte Nacht meine Zimmergenossin gewesen war.

Am Vorabend kam zwischen uns ein faszinierendes Gespräch zustande, das uns bis gegen Morgen in Bann hielt. Als mich diese Frau vom Lehnstuhl aus auf Deutsch ansprach, fiel mir sofort ihr slawischer

Akzent auf. Sie stellte sich als gebürtige Pragerin heraus, umfassend gebildete Weltbürgerin, die jetzt in Paris lebte und Italienisch unterrichtete. Unsere Unterhaltung führte uns quer durch die europäische Literatur und Geschichte, in deren Brennpunkt Prag zu Zeiten Karls V. stand.

Ich begriff, wie stark die goldene Stadt durch jüdische Kultur geprägt wurde, dass das polyglotte Judentum als eigentlicher Träger einer europäischen Idee anzusehen ist. Dann konnte ich der Versuchung nicht widerstehen, über eigene Kindheitserlebnisse aus der Zeit der sogenannten Prager Revolution 1945 zu sprechen. Damals kam meine Mutter mit mir zusammen nämlich in tschechische Gefangenschaft, und wir waren wochenlang in einem Prager Konzentrationslager im Olympiastadion Strahov interniert. Meine Gesprächspartnerin, ernst geworden, entgegnete mir, dass ihr Vater als Halbjude damals in Prag Leiter eines solchen Lagers gewesen sei. Er adoptierte dort ein Mädchen in meinem Alter, das im Verlauf der blutigen Ereignisse mutterlos geworden war und später mit meiner Italienerin als Halbschwester aufwuchs. Von dieser hatte sie ihr gutes Deutsch gelernt. Von ihr war noch zu berichten, dass sie erst später ihren Vater wiederfand und bei ihm ihre Muttersprache wie eine Fremdsprache lernen musste. Während ich meine zweite Muttersprache Tschechisch, von mir bewusst vergessen, bis heute neu zu erlernen suche. Wir waren beide sprachlos über dieses Zusammentreffen. Ein würdiges Abschlusserlebnis für meinen Camino.

Später sitze ich am Strand von Finisterra in der Sonne und male einen schwingenden *botafumeiro*, der deutlich eindrucksvoller ausgefällt als seine Tchibo-Variante. Allein der Anblick der felsigen Küste ist erfrischend. Noch immer habe ich nicht gebadet.

30.08. -19 h   Finisterra
                Bar

Es wurde noch ein ganz besonders schöner, langer Tag. Nach Gazpacho und einer leckeren Paella mit Seeblick, entdeckte ich ein Eckchen Strand mit Sand und wellenförmig erstarrten Felsen für mich. Diese rundgeschliffenen steinernen Formationen mit ihrem Muschelbewuchs dürften schon mittelalterliche Pilger bestaunt haben. In einer Lagune zwischen Felsen habe ich wundervolle Kühlung genossen.

Im Sand vielfarbige Steine und bunte Algen, kreischende Möwen überall. Dasein als einfachstes Glück. Nach einer Siesta in der Herberge, bin ich zum Faro aufgebrochen. Unterwegs den Christus von Finisterra besucht, eine naiv-eindrucksvolle Holzskulptur mit ausgerenkt wirkenden Beinen unter seinem Samtrock. Er schien sich dagegen zu wehren, von mir fotografiert zu werden. Sechs Versuche fielen verwackelt aus. Also wollte er wohl gemalt werden.

Der Weg hinauf bot freien Ausblick auf den blauen Atlantik. Oben eine Menge Touristen angetroffen, die hier am Ende der Welt brüllende Handytelefonate führten. Sitze jetzt in der Faro-Bar und wäge ab, ob es sich lohnt, hier zwei Stunden auf einen weltberühmten Sonnenuntergang zu warten.

30.08. -21 h   Finisterra
                Bar

Warten hätte nicht gelohnt. Nach zweistündiger Betrachtung eines halben Sonnenuntergangs in der Gemeinschaft von hippiemäßigen Pilgerschwärmen unter den Lagerfeuer-Klängen von Gitarren, lockte mich die

Christus in Finisterra

Aussicht auf ein abendlich kühles Bad im Meer. Fand unten an abgelegenem Felsstrand traumhafte Erfrischung inmitten hereinbrechender Brandung in einem natürlichen Whirlpool. In der Bar hier hängt eine Uhr, deren Zeiger verkehrtherum laufen.

31.08.-19 h   Lires
                                                   Bar

Von der Terrasse dieser Bar aus genieße ich einen umwerfenden Meerblick mit Aussicht auf die Bucht von Lires, der mir allein gehört. Flut ist im Kommen. Die Wasserfläche glitzert grüngolden in der Abendsonne. Die einmalig leckeren Calamares, die hier serviert werden, haben wenig Ähnlichkeit mit sandigen Kaugummikringeln, die bisher auf meinen Teller gelangt sind. Hier wurde ein Meeresarm mit vielen Algen, Schlick und Laich zum Vogelparadies erklärt.
Die Nacht war schwierig. Mein durch das Meerbad aufgeladener Energiezustand hat den Schlaf verjagt. Bis Muxia wären noch dreißig Kilometer zu laufen, viel zu weit. 14 km Strecke haben heute ausgereicht. Sie gehörte wieder zu den schönsten, kaum Pilger, keine Radler, keine Schilder, natürlich auch fast keine Bar. Weich gepolsterte Waldwege auf abgebrannten Flächen voll hoher Farnstauden und Heidekraut, uralte Steinpfade mit diesem seltsamen *horreos*. Was sie wohl heute in diesen Sarkophagen auf Beinen ähnelnden Speichern aufbewahren? Man könnte kleine Pilgergruppen darin unterbringen. Doch Pilgern private Übernachtung zu gewähren, soll hier unter Strafe verboten sein. Eine Herbergslobby kontrolliert das. Sogar die Bushaltestelle, in der ich Siesta hielt, hatte nachempfundene *horreos*-Form.

Noch einen allerletzten Wandertag habe ich vor mir. Noch einmal Baden im Atlantik. Hoffe in Muxia auf einen Anblick des mythischen Felsenschiffs ohne Pilgerschwärme. Noch vier Nächte, und ich bin wieder zu Hause. Die Reise war lange genug, aber nicht zu lang.

1.09.-20 h   Muxia
                Bar

Hier am Endpunkt meines Weges angelangt, sitze ich abends in einer schlichten Bar und lasse mir ein selten deliziöses Menü munden. Gekocht hat es eine vielfarbig schillernde Hexe von hünenhafter Statur, die spanischer Kochkunst damit echte Ehre einlegt. So kann ich wenigstens eine Ahnung von hoher spanischer -oder galicischer?- Küche mitnehmen, die sich bei *bocadilllos* mit und ohne *lomo-queso-jamón* bisher nicht einstellen konnte. Eine Fischsuppe heizt mir so kräftig ein, dass keine Rede mehr von Frieren sein kann, obschon der Abend unerwartet frisch wird. Als *secundo plato* gibt es ein unerhört schmackhaft zubereitetes Gulasch, gewürzt mit Rosmarin und Kümmel. Verstanden hatte ich Kalbfleisch: *ternera*. Das konnte es aber nicht sein, weil viel zu kräftig. Es war auch *ternero*, also vom Stierkalb. Als *postre* wurde mir noch ein Wunder aus sahnigem Zitronenschaum kredenzt.

Die letzte Nacht in Lires wurde dann doch noch einmal zum blanken Horror. Ob wegen winziger stechwütiger Mücken, oder wegen meiner Reaktion auf die seelenlos sterile Herbergseinrichtung, weiß ich nicht. Ein liebevoll bereitetes, reichhaltiges und ziemlich spätes Frühstück konnte die nächtliche Pein nicht wirklich aufwiegen.

Hinzu kam ein Unfall, mit dem meine heutige letzte Wanderung auf einem einsamen, schönen Hochweg begann. Unmittelbar nach Lires sollte laut Führer eine Stelle kommen, an der man besser die Schuhe auszog, um keine nassen Füße zu kriegen. Zum Ausziehen von Wanderschuhen braucht es aber eine verfügbare Sitzgelegenheit. Als ich dort jedoch anlange, entdecke ich nur Haufen aufgewühlter, matschiger Erde und einen Trupp von Straßenarbeitern, die mit Baggern an der Furt werkeln. Traue meinen Augen nicht: die Arbeiter sind im Begriff, anstelle der bemoosten alten Trittsteine dieser letzten authentischen Furt auf dem Jakobsweg neue Betonquader in den Bach zu versenke – anstatt einer simplen Zurückbeförderung des aus seiner Lage gekippten alten Trittsteins.

Am anderen Ufer stehen zwei junge Rucksackpilger, die ihre Furtüberquerung als Jux inszenieren wollen. Sie ziehen dabei eine als Floß dienende Holzpalette zu sich heran, um sich gegenseitig in gestellter Gefahrenposition zu knipsen. Da die beiden Burschen keine Anstalten machen, mir beim Übergang behilflich zu sein, beginne ich, auf die knöchelhoch wasserbedeckten Steine zu steigen und stelle fest, dass meine Füße trocken bleiben. Aber nun komme ich an eine große Lücke und sehe, dass sie nicht zu überspringen ist. Mit Hilfe der Stöcke versuche ich, mir das Floß zu angeln, wobei die Burschen seelenruhig zuschauen, als ich das Teil nicht erwischen kann, weil sie es bei sich festhalten. Sie beobachten mich auch noch dabei, wie ich bei dieser komplizierten Aktion das Gleichgewicht verliere und samt Rucksack in das brusttiefe Gewässer plumpse. Weil der Stein am anderen Ufer sehr hoch ist, muss ich im Wasser stehend mein Gepäck ausziehen, um überhaupt an Land zu kommen, was nicht ganz einfach ist. Dabei höre ich die

Kameras der beiden Kerle klicken, um mein wahnsinnig komisches Missgeschick fotografisch festzuhalten.
Nachdem ich glücklich das andere Ufer erklommen habe, besehe ich mir Schaden an Körper und Bagage. Er hält sich in Grenzen: Ein paar Abschürfungen und Blutergüsse, der Inhalt des Rucksacks ist trocken geblieben. Sogar meine Uhr geht noch. Abgesehen von leichten Verletzungen, verdreckten Hosen und zwei durchfeuchteten Wanderführern, bin ich noch glimpflich davongekommen. Jetzt ruft einer der Straßenarbeiter- etwas spät- zu mir herüber:

„*Puedo ayudarle?*"

Sind solche Rüpel auch Pilger? Die Fortsetzung des Wegs mit anhaltender Kühlung durch meine nasse Kleidung war nicht einmal unangenehm. Vielleicht sind auch die Pilger des Mittelalters ganz gerne in ihrer Kuttenmontur durch Gewässer gewatet.

Besonders verstört hat mich die Erkenntnis, dass Gelder, die zur Pflege und Konservierung des Weltkulturerbes dienen sollen, hier offensichtlich dazu verwendet werden, um den Camino zu zerstören. Diese Furt bei Lires ist einer seiner wenigen historischen Plätze, die bisher von wirtschaftlichen Interessen und spanischer Bauwut verschont geblieben sind. Um solch enttäuschende Erfahrungen bereichert, bin ich dann traurig weiter gewandert bis Muxia. Unterwegs traf ich überall auf Straßenarbeiter, die ursprüngliche Wege begradigten und alte Markierungen vernichteten. Mit diesen Maßnahmen spekuliert man sicher darauf, motorisierte Pilgermassen auch in diesen letzten abgelegenen Winkel des Camino zu lotsen.

Sardinen, Pulpo und Vino tinto

2.09.-12 h Muxia
Strand

Auch in Muxia durfte man nicht zwei Nächte hintereinander in der Herberge schlafen, weswegen ich nochmals Zuflucht zu einer Pension nehmen musste. Deren Inhaberin konnte ich mit etwas Mühe dazu überreden, meine schlammverkrustete Hose in der Maschine zu waschen. Hoffe heute auf eine bessere Nacht als gestern, die unselig mit *restless legs* in zu kleinem Bett verbracht wurde. Vorhin habe ich mich im Supermarkt mit Kaminanzündern und Spiritus eingedeckt für ein wichtiges Ritual. Habe mir hier auf den Klippen von Muxia – vor grandioser Kulisse hoch über tosender Brandung – unter Schwärmen kreischender Möwen, in einem windgeschützten Felsspalt einen Altar gebaut.
Meine mit Brennstoff ausgestopften Wanderstiefel dürfen hier eine ganze Stunde lang ungestört verbrennen. Solch feierliches Begräbnis haben sie sich verdient. Zum Glück regnet es nicht. Eine weiße Segelyacht streicht am Horizont entlang. Kein steinernes Schiff gesehen. Nach einem letzten Bad im Meer habe ich das Glück, an dem Eröffnungsgottesdienst der neuntägigen Feiern zu Ehren der Señora de la Barca teilnehmen zu dürfen.
Der Legende nach erschien dem Jakobus an der Stelle der heutigen Kirche seine Tante Maria in einer steinernen Barke, als er sich hier in die Einsamkeit zurückzog, um über eine Fortsetzung seiner gescheiterten Mission in Nordspanien zu meditieren. Es heißt, die Einheimischen seien so hartnäckig verschlossen geblieben, dass er dabei war zu resignieren. Tante Gottesmutter soll ihm geraten haben,

Stiefelverbrennung in Muxia

nach Jerusalem zurückzukehren, damit er später hier sein Werk vollenden könnte. Bekanntlich wurde Jakobus in Jerusalem dann geköpft. Der weiteren Legende nach verweigerte man ihm dort ein Begräbnis, weswegen seine Jünger den Leichnam per Schiff nach Galicien brachten, wo er nach weiteren Wundern schließlich beerdigt werden durfte. Sein vergessenes Grab sollte Jahrhunderte später unter einem wundersamen Sternenfeld wiederentdeckt werden, die darin befindlichen menschlichen Überreste wurden nach Santiago de Compostela verbracht, wo sie seitdem als Reliquien in der Kathedrale verehrt werden. Untersuchungen ergaben, dass in dem Grab tatsächlich ein geköpfter Mann in passendem Alter lag. Jakobus soll in einem Anfall von Jähzorn den heidnischen Sonnenaltar in Finisterra eigenhändig zerstört haben. Mir ist diese menschliche Schwäche nicht fremd- und ich kann Märchen schätzen.

Bin traurig in diese Messe gegangen unter dem Eindruck einer Fotoausstellung im Kulturzentrum des Ortes über die Aktion *nunca mais* 2002/2003 nach der Ökokatastrophe des Dampfers „*Prestige*" vor der Küste von Muxia. Menschen aus ganz Spanien haben damals in einer großen Hilfsaktion die klebrigen Massen einer Ölpest beseitigt. Danach wurde ein Volksfest mit Lichterprozession auf dem Wasser gefeiert. Es waren schöne Bilder von einer beispielhaften Gemeinschaftsleistung, die Optimismus vermittelten. Doch inzwischen schreiben wir das Jahr 2010 und haben uns an derartige Desaster gewöhnen müssen. Der letzte Gottesdienst - mit wunderschönen von einem Chor gesungenen alten Volksweisen und Tanzliedern -hat mich wieder froher gemacht.

Ich sitze auf den Klippen von Muxia und schaue einem langen stillen Sonnenuntergang auf grenzenlosem Horizont zu.

Messe in Muxia

VII Nordweg – Camino ohne Pilger

San Sebastian – Llanes
9.–26. Juli 2009

Zeitlich springe ich nochmals zwei Jahre zurück. Denn diesen Abschnitt von etwa 300 km hatte ich zwischen der vorletzten und der allerletzten Etappe eingeschoben. Dies hing zum einen damit zusammen, dass damals noch der Plan galt, die letzte Strecke zusammen mit meiner Tochter zurückzulegen. Diese hatte aber auf ihren eigenen Pilgerwegen noch nicht Astorga erreicht, unseren angedachten Ausgangspunkt für diese. Außerdem hörte man unterwegs häufig verlauten, dass der Camino del Norte als ältester Teil des Jakobsweges besonders eindrucksvoll sei.

Um es kurz zu machen: eben dies kann ich nicht bestätigen, weswegen ich die Darstellung dieses Abschnitts nur der Vollständigkeit halber kursorisch nachtrage. Vielleicht wollte ich auch den auf dem Endstück befürchteten Pilgermassen über eine nördliche Abkürzung ausweichen. Erst durch diese Strecke ist mir aber aufgegangen, welch wichtige Rolle gerade die problematischen Seiten in der Erfahrung des Camino francés spielen. Denn auf dem Nordweg waren zwar auch gewisse Belastungen zu ertragen –aber unter den Bedingungen einer gänzlich abwesenden Pilgeratmosphäre.

Pilgertradition ist hier nicht mehr lebendig. Dies bedeutet hauptsächlich weniger Pilger. Für weniger Pilger lohnt es nicht, viele Herbergen einzurichten, geschweige denn diese mit Liebe und Sorgfalt auszustatten. Also hat man mit überlangen Etappen zu rechnen und letztlich dann doch keine Wahl bezüglich der Unterkunft.

Für wenige Pilger lohnt es auch nicht, die Markierungen zu pflegen, weswegen diese verblassen oder ganz verschwinden. Zwar dürften die küstennahen Strecken die landschaftlich reizvollsten sein, doch sind diese erheblich länger und dürftig ausgezeichnet. Wenn man sich dort verläuft, wäre man übel dran. Strecken auf Landstraßen sind kürzer, sicherer, gleichzeitig aber wesentlich langweiliger und außerdem kräftezehrender.

Auf vielen Etappen sind große, ungemein lange Steigungen zu bewältigen. Meist auf Asphalt geht es endlos lange schnurgerade steil bergauf und bergab, nur um gleich darauf wieder anzusteigen. Dazu kommen häufiger Regen und schwere Luft. Wer sportliche Herausforderungen sucht, kommt hier auf seine Kosten, weswegen die meisten anzutreffenden Pilger eher als Sportfans imponieren.

Der Anblick der Landschaft, wie ein Allgäu voller Palmen und Kühe bei beständigem Meerblick, ist sicher schön. Doch wenn man müde ist, kann auch die bezauberndste Landschaft nicht mehr erheben. Irgendwie passt auch ihr urlaubsmäßig üppiger Charakter weder zum Wetter noch zum Pilgern. Baden ist häufig angesagt, aber zusammen mit Touristenmassen auch kein Hit. Weil spärlicher Pilgerfluss zu wenig einbringt, kommen unterwegs auch kaum Rastmöglichkeiten, Restaurants oder Bars vor.

Alles in allem haben mich diese Tagestouren oft nur restlos erschöpft und am Ende unbefriedigt gelassen. Unterwegs traf man den ganzen Tag über kaum jemanden. In den weit auseinander liegenden Zielorten existierte dann nur jeweils eine Herberge, die sich bis zum Abend zumeist doch überfüllte. Da an der Nordküste beliebte Urlaubsorte liegen, weichen viele spanische Familien-Urlauber gerne in solche Billigquartiere aus, wobei es hier nur wenige,

Baskische Küstenberge

meist ausgebuchte, ungemein teure Hotels gibt. Wer spanisches Familienleben kennt, der weiß, dass dieses gerne lärmig wird und sich bis in Morgenstunden ausdehnen kann. Herbergen sind in keiner Weise auf Bedürfnisse von Pilgern eingerichtet, viele davon äußerst primitiv und abstoßend schmutzig, die Wände voll obszöner Kritzeleien, bar jeglichen Flairs. Zu allem ist das Wetter im Sommer nicht nur feucht, sondern wird zuweilen auch ungemütlich kühl. Möglichkeiten zum Wäschetrocknen fehlen oft, die Klamotten müssen dann noch feucht mitgenommen oder klamm angezogen werden. Es kommen sogar Herbergen ohne Duschen vor.

Pilger scheinen in dieser Gegend ausgesprochen unbeliebt zu sein. Teilweise werden sie bürokratisch kontrolliert und wie verkommene Subjekte behandelt, die keine bessere Unterbringung verdienen. Wenig erfreulich fand ich auch, dass praktisch sämtliche Kirchen am Weg - von besonderen Öffnungszeiten abgesehen -generell geschlossen sind. Um diese also besichtigen zu können, wäre jeweils ein ganzer Pausentag erforderlich. Aber dazu möchte man sich unter den trostlosen Umständen der anzutreffenden Unterkünfte nicht entschließen. Abgesehen von manchen Begegnungen hätte ich mich auf dieser Etappe häufig gelangweilt, wäre ich nicht innerlich intensiv mit dem schmerzlichen Verlust eines Freundes beschäftigt gewesen.

Ein großer Teil des Weges läuft durch ein sehr ausgedehntes Industriegelände, das man tagelang durchtrotten muss. Dabei ergeben sich ausgiebig Gelegenheiten, Landschaftszerstörung in Aktion zu erleben. Den Autofahrer streifen solche Eindrücke nur wenige Minuten. Aber als langsamer Pilger wird man von der Brutalität der Betonwüsten wahrhaft erschlagen, von millionenhafter Verschwendung angesichts

Nach Gewitter an der kantabrischen Küste

gigantischer Komplexe leerstehender Eigentumswohnungen abgesehen. Das waren empörende Eindrücke, die ich in ihrer grotesken Form wieder sehenswert empfand. An einer Stelle führte ein noch authentischer Jakobspfad hoch über riesigen Industriefriedhöfen voll Metallschrott, kaputten Lastkränen, eingestürzten Lagerhallen, Schutthalden, verrosteten Schienen, Müll und aufgegebenen Großbaustellen hinweg. Den ganzen Tag über ergab sich auf diese Weise ein Blick von oben wie in das Museum eines ausgestorbenen Maschinenzeitalters. Meditation über mögliche Zukünfte zu Fuß schloss sich an.

Nicht erspart blieb mir eine neuerliche Attacke meiner Mücken-Allergie, die diesmal sogar derart heftig ausfiel, dass ich mitten in der Nacht eine Klinikambulanz aufsuchen musste. Damit wird mir Bilbao hauptsächlich in Erinnerung bleiben. Meine Fotos von dieser Etappe sind eindrucksvoll. Sie zeigen romantische Küsten, mächtige Kathedralen wie in Santander und Santillana del Mar, extravagante architektonische Sehenswürdigkeiten wie das Guggenheim-Museum in Bilbao und eine einzigartige Hängebrücke bei Portugalete, Höhlenmalereien in Altamira und eine spektakuläre Wasserprozession zu Ehren der Señora de la Barca in Llanes. Aber in meiner Erinnerung ist bis auf die singende Hospitalera Lucia in San Vicente wenig davon haften geblieben.

An tief bewegende Erlebnisse entsinne ich mich kaum. Bis auf einen einzigen Moment außerordentlicher Intensität, als ich an der kantabrischen Küste in einen urgewaltigen warmen Gewitterregen geriet. Nie bin ich dermaßen bis auf die sprichwörtlichen Knochen durchnässt worden. Diesen Weg bin ich durch einen wahren Weltuntergang mit Blitz und Donner

Ziegenherde unter der Autobahn

mehr geschwommen als gelaufen. Es war hinreißend belebend, hat meinen ganzen Schmerz weggespült und mich ein weiteres Mal wie neugeboren hinterlassen. Der danach aufscheinende Regenbogen von nie gesehenem Ausmaß leuchtete in sattesten Farben.

Nachwort

Nach Fertigstellung meines Buches kam mir die Idee, dass Leser von einem psychologischen Kommentar profitieren könnten. So ist dieses Nachwort aus der Perspektive langjähriger Berufserfahrung als Psychotherapeutin entstanden. Außerdem möchte ich an dieser Stelle nochmals auf die spezielle Situation sogenannter Senioren auf dem Jakobsweg eingehen. Dabei begrenze ich diesen Begriff weniger altersmäßig, sondern beziehe ihn auf eine bestimmte Haltung zur Pilgerschaft, die ich eher bei älteren Menschen vermute. Da sowohl meine inneren Themen als auch die auf dem Camino erlebten Probleme häufig in Zusammenhang mit dem Altern standen, lässt sich mein Erleben vielleicht auch als alterstypisch betrachten.

Meine Motivation, sowohl für den Pilgerweg als auch für das Schreiben darüber, hat sich im Laufe meiner auf fünf Jahre verteilten Wanderzeit auf Jakobswegen verändert. Auf den ersten Etappen war ich noch unterwegs, um ein Abenteuer zu erleben und damit verbundene Herausforderungen zu bestehen. Bis zu den Pyrenäen wollte ich darüber schreiben, um anderen Menschen zu zeigen, dass sie etwas Einzigartiges in ihrem Leben verpassen, wenn sie den Jakobsweg nicht kennenlernen. Je weiter ich aber auf dem spanischen Camino francès vorankam, desto mehr wuchs meine Überzeugung, dass ganz im Gegenteil unvorbereiteten Menschen von dieser Unternehmung abgeraten werden sollte. Dies gilt m.E. vor allem für ältere Menschen mit ihren besonderen Empfindlichkeiten.

Wer sich Pilgern als Erbauungsweg vorstellt, kann einen solchen weiterhin in Frankreich auf einem Chemin de St. Jacques genießen und sich die Fortsetzung in Spanien ersparen, die dann kaum anders als enttäuschend ausfallen könnte. Wer dagegen von vorne herein weiß, welche Widrigkeiten ihn insbesondere auf der letzten Strecke bis Santiago de Compostela erwarten, dessen Motivation wird primär eine andere sein. Sie wird eher einem Akzeptieren von Stationen der Grenzerfahrung entsprechen, die ihm auch Selbstüberwindung in kritischen Momenten abverlangen dürfen.

Empfindliche ältere und sogar hochsensible Menschen sind von einer solchen Gesamterfahrung nicht generell auszunehmen, sofern sie gewisse psychische Belastungen und Unbequemlichkeiten dank ihrer Pilgermotivation bewusst in Kauf nehmen wollen. Zwar dürften gerade sie unter den beschriebenen Problemen meist besonders leiden, können aber auf der anderen Seite durch Bewältigung dieser Herausforderungen auch intensiv profitieren.

Entscheidend hierbei ist eine innere Vorbereitung als ehrliche Selbstbefragung hinsichtlich aktueller Problemthemen im seelischen Gepäck. Viele ältere Menschen begeben sich auf Pilgerschaft in Schwellensituationen ihres Lebens. Vorwiegend in dieser Motivation unterscheiden sie sich grundlegend von Menschen, die sich selbst als Ausflügler auf dem Camino verstehen. Ängste vor dem Unbekannten, Neuen werden mit sich getragen, aber auch Aversionen und zwischenmenschliche Probleme. Stellvertreter genau derjenigen Personen oder Menschengruppen, mit denen sich ohnehin Schwierigkeiten im täglichen Leben ergeben, werden ihnen aber unausweichlich auf dem Jakobsweg begegnen. Zu solcher Vorbereitung gehört aus meiner Sicht auch eine gewisse Bereitschaft, Abneigungen solcher Art ein Stück weit zu überwinden.

Es ist kein Geheimnis, dass sich innerhalb von kaum zwei Generationen ein radikaler Wandel in der Erziehung vollzogen hat. Dessen Resultate werden vor allem für ältere Personen in der Konfrontation mit heutigen Kindern und Heranwachsenden leicht zur Herausforderung. Die entscheidende Frage ist, ob ein Mensch dann beschließt, sich mit diesem Problem hier und jetzt auseinanderzusetzen, oder ob er es vorzieht, ihm nach Möglichkeit auszuweichen und seine Ruhe zu genießen. Ich plädiere für die- zugegebenermaßen anstrengendere- Variante einer Auseinandersetzung, weil diese letztlich die persönlichen Beziehungen auch zu Hause verbessern hilft. Vielleicht wirkt sich dies sogar seelisch verjüngend aus.

Ohne solche innere Vorbereitung kann ich jedoch Senioren nur empfehlen, sofern sie sich Strapazen des Camino francès in Spanien überhaupt zumuten möchten, sich im Voraus ausgiebig über Hotelangebote auf den betreffenden Strecken zu informieren und generell Reservierungen vorzunehmen. Leider geht bei solcher Planung vieles von der schätzenswerten und inspirierenden Atmosphäre des Jakobsweges verloren. Ich habe bei einigen Übernachtungsorten, die mir unzumutbar für ältere Pilger erschienen, entsprechende Kommentare vermerkt.

Es hat sich herumgesprochen, dass die Hardware unseres Körpers und Geistes sich länger funktionsfähig erhalten lässt durch sportliche Aktivität, gesunde hochwertige Ernährung, regelmäßige Zahnpflege und fortgesetztes geistiges Training. Dass aber auch die Software unserer Psyche gewisser trainingsähnlicher Pflege bedarf, um den Menschen nachhaltig ausreichendes Wohlbefinden in einer Zeit permanenten und immer rascheren Wandels zu ermöglichen, scheint dagegen noch weniger bekannt zu sein.

Überfordert werden wir von den Umständen modernen Lebens alle. Der jüngere Mensch verfügt noch über genügend Energiekapazitäten und eine höhere emotionale Elastizität, um unangenehme Konflikte aus seinem Bewusstsein fernzuhalten. Älter werdend beginnt man zumeist, eine Art Panzer aus erstarrten Überzeugungen auszubilden. Dieser schützt zwar vor innerem Aufruhr, entwickelt sich aber mit zunehmender Undurchdringlichkeit zur Behinderung emotionaler Erlebnisfähigkeit. So lässt sich das bekannte gesteigerte Harmoniebedürfnis von älteren (allgemein auch von hochsensiblen) Personen einordnen, dem die Lebenswirklichkeit nicht entsprechen, und das sie immer weniger erfüllen kann. Der Gewinn an Jahren bedeutet dann für zunehmend älter werdende Menschen allzu häufig mitnichten auch einen Zugewinn an Lebensqualität, sondern nicht selten sogar sinnlos verlängerte Leidenszeit.

Vereinfacht und etwas plakativ ausgedrückt stehen einem durchschnittlich psychisch untrainierten älteren Menschen zwei Richtungen der Degeneration als Auswege aus dem angedeuteten Dilemma zur Verfügung. Indem er sich vom Bewusstsein verabschiedet, schlägt er einen Weg in Richtung Demenz ein, der belastend hauptsächlich für seine Umwelt ist, für ihn aber vielleicht nicht unbeträchtliche psychische Erleichterung mit sich bringt. Die umgekehrte Entwicklungsrichtung führt zur Verstärkung unangenehmer Charaktereigenschaften wie Besserwisserei, Intoleranz, permanenter Unzufriedenheit, undankbaren Ansprüchen gegenüber dem Umfeld bis hin zu Bösartigkeit. Uns allen sind aus unserem Umfeld alte Menschen geläufig, die unsere Nerven sehr strapazieren. Was mich betrifft, unterscheide ich mich von der Mehrheit der Altersgenossen vermutlich dadurch, dass ich solche negativen Veränderungen sehr bewusst und schon im Ansatz bei mir wahrnehmen kann und meine Schwachpunkte gut kenne. Dies führe ich auf wiederholte Selbsterfahrung unterschiedlicher Art zurück. Deren intensivste habe ich der Vollendung meines Jakobsweges zu verdanken.

Es ist meine persönliche Überzeugung, dass sich ein zunehmend höheres Alter erreichende alte Menschen der Zukunft eine dritte Entwicklungsmöglichkeit in Richtung einer bewussten Kultivierung von Eigenschaften wie Weisheit und Toleranz eröffnen können. Früheren Generationen stand diese weit weniger zur Verfügung, indem sie mit einem tief verwurzelten Vorurteil bezüglich der Psyche aufwuchsen. Man darf beinahe annehmen, dass diese Menschen einen gewissen Stolz darauf gründeten, ihr eigenes Wesen erfolgreich unterdrückt und ihre psychische Entwicklung damit vernachlässigt zu haben. Zukünftige Alte dagegen werden eine Chance wahrnehmen können, sich selbst besser kennenzulernen, eigenes Reifen bewusst anzustreben und ein Stück weit auch voranzubringen durch geeignetes Training emotionaler Bewältigungsstrategien. Indem sie als Folge hiervon unvermeidliche Frustrationen in ihrem Leben nicht nur mit größerer Leichtigkeit verarbeiten, sondern an diesen wachsen können, werden sie sowohl an Lebensqualität als auch -intensität gewinnen. Solches Training stellt jede wachstumsorientiere Selbsterfahrung dar. Mein Jakobsweg mag als Beispiel hierfür dienen, nachdem ich ihn zunehmend als Metapher für mein noch verbleibendes Leben aufzufassen begonnen habe.

Die allgemeine Grundbedingung für Selbsterfahrung beinhaltet unvermeidbare Konfrontation mit zufällig zusammengekommenen Menschen, einschließlich ihrer mehr oder weniger angenehmen Eigenarten, deren Gesellschaft nicht selbst gewählt ist. Dies bedeutet Inkaufnahme von Unerwartetem. Weitere wichtige Voraussetzungen wären weitmögliche Reduktion aller Hilfsmittel unter Verzicht auf gewohnte Gegenstände, sowie größtmögliche Distanz zur eigenen Lebensweise im jeweiligen Alltag.

In meinem Fall fiel meine letzte Pilgeretappe mit dem Eintritt in einen neuen Lebensabschnitt und einem gleichzeitig bewusster wahrgenommenem Altern zusammen. Die Verarbeitung dieser aktuellen Schwellensituation, brachte unterwegs zwangsläufig diejenigen Problemthemen ins Bewusstsein, die mich gerade ohnehin beschäftigten. Wie in jeder intensiven Selbsterfahrung geschah dies auf dem Wege zoomartiger Verstärkung eines Problemerlebens, dem nicht ausgewichen werden konnte. Dadurch bewirkte Erschütterung lockert den Schutzpanzer auf. Auf welche Weise, durch welche Kräfte eine über ihre Grenzen hinaus geforderte Psyche aus sich selbst heraus dann zu einer Wandlung fähig ist, möchte ich mir nicht anmaßen zu wissen oder zu erörtern. Ich ahne, dass ein gutes Gelingen etwas von dem voraussetzt, was wir Gnade nennen.

Das für mich eindruckvollste Resultat bestand in einer plötzlichen Auflösung von Gereiztheit und chronischem Ärger, sowie einem völligen Verschwinden meines Themas, des unangenehmen Gefühls, alt zu sein. Bei letzterem handelt es sich psychologisch wohl hauptsächlich um ein Gefühl von Müdigkeit und Resignation, einem Verlust an Engagement und Sinngefühl auch infolge angesammelter Enttäuschungen. Dieses sehr körpernahe Empfinden ähnelt weitgehend einem Burnout und scheint auch durch emotionale Überforderung mitbedingt sein. Im Falle des Altsein-Gefühls ist diese auch in einer allgemeinen extremen Steigerung der Geschwindigkeit von Veränderungsprozessen zu sehen, mit welcher Gefühle kaum mithalten können. Neben den oben genannten Bedingungen stellt die ausgeprägte Verlangsamung, zu der ein zu Fuß zurückgelegter Jakobsweg zwingt, der Psyche einen sonst nicht existenten Schonraum zur Verfügung. Hinzu kommen positive Rückwirkungen intensiver körperlicher Aktivität auf Seele und Geist, die sogenannten Endorphinen zugeschrieben werden können. Das eigene Körpergefühl, sowie ein Aufgehobensein im Anblick einer noch immer unwandelbar erscheinenden Natur geben der Seele Halt, während der Geist alle anderen Inhalte loslassen darf. Bekannte religiöse Traditionen des Jakobsweges bilden für die Unternehmung einen Rahmen als Ritual, den jeder Pilger mit persönlichen Inhalten erfüllen kann, die er als bedeutsam empfindet.

Jetzt, ein halbes Jahr nach meiner Rückkehr, ist mein verändertes Selbstgefühl zwar nicht mehr so intensiv wie am Ende meines Jakobsweges. Aber es ist auch nicht ganz verschwunden und hilft mir, anfallende Frustrationen leichter zu verarbeiten. Mein Alter ist einstweilen kein Gegenstand mehr, der mich beschäftigt. Ich bin mutiger geworden und traue mir zu, beinahe alles zu erreichen, was ich ernsthaft anstrebe.

Was vielleicht nur der Jakobsweg darüber hinaus zur Verfügung stellt, kann man auch als praktische Lektion in europäischem Kulturbewusstsein verstehen, sowie als spezielle Möglichkeit alternativen, nichttouristischen Reisens. Weil mir auf dem Jakobsweg Umweltzerstörung in besonders brutaler Form begegnet ist, möchte ich abschließend ein Anliegen zum Ausdruck bringen, das die Erhaltung des Jakobsweges als Weltkulturerbe betrifft. Dessen Existenz erscheint mir langfristig gerade als Folge des Hypes im vergangenen Jahrzehnt ernsthaft gefährdet.

INHALT

S

Vorwort aus der Rückschau..5
      Borkum -Januar 2011

I   Unvergessliche Erinnerung........................ 9
      Le Puy - Golinhac   28.8.-9.9.2005

II   Einsam ist man nie allein............................22
      Conques - Moissac   8.4.-21.4.2006

III Dunklere Töne..37
      Moissac-Argagnon   30.9.-12.10.2006

IV   España es diferente..53
      Argagnon-Logrono   30.6.- 15.7.2007

V   Meseta und Kathedralen...................................73
      Logroño - Astorga   4.7.-26.7.2008

VI   Finale: alles ganz anders..........................117
      Astorga - Santiago de Compostela
                   11.8.-4.9.2010
VII Nordweg: Camino ohne Pilger 210
      S.Sebastian-Llanes -9.7.-26.7.2009

      Nachwort 218

Sämtliche Abbildungen zeigen originale Arbeiten von Brigitte Halewitsch

Weitere Veröffentlichungen

Der Osilaus
und andere Kurzgeschichten

ISBN 978-3-8442-9749-2

INHALT

Brigitte Halewitsch

Skurrile Kleinprosa zum Nachdenken mit dramatischen Dialogen, eröffnen absurde Dimensionen in Beziehungen, Kunst und Gesellschaft.
- Eine gefährliche Partisanenpatrouille als Geburtstags-geschenk für einen kleinen Jungen.
- Die poetische Liebesbeziehung einer jungen Frau in Gefangenschaft mit dem Feind.
- Der Monolog einer krebskranken Schwester
- Absurdes Kunst-Kauderwelsch
- Ein technisch-utopisches Horrorszenario nach Selbstabschaffung menschlicher Elemente.

KAFKAS WELTEN
Erzählungen aus Absurdistan

ISBN 9783748101321

INHALT

Zwei novellenartige Erzählungen führen in kafkaeske Insiderszenen von Kunst und Literatur.
In KUNSTKUNST wird ein angeblicher Kunstfälscher von einem echten Fälscher entlarvt, dessen Genie er ausgebeutet hat. Am Ende taucht eine ganz neue Kunstidee auf.
Die KUNST des LESENS schildert einen erfolgreichen Mann, der unerwartet dabei scheitert, einen Bestseller schreiben zu sollen. Auseinandersetzung mit seinem Leben und einer Ghostwriterin eröffnet ihm ungeahnte Dimensionen des Lesens.

ISBN 978-3-86785-399-6
BS-Verlag Rostock 2017

INHALT

Die Altenpflegerin Lena folgt ihrem Bruder nach Indien, wo sie bei einem Hindu-Priester eine alternative Seniorenresidenz für sich zu finden hofft.
Ihre anfängliche Faszination durch ein exotisches Paradies wird bald enttäuscht. Gleichzeitig verändern ihre Indienerfahrungen jedoch auch ihren Blick auf Deutschland, das gerade zum Sehnsuchtsziel vieler Flüchtlinge wird. Erinnerungen an das Flüchtlingsdrama ihrer Familie und vergangene eigene Paradiessuchen tauchen auf. Zuletzt ist Indien überall.

VITA

Brigitte Halewitsch, geb. 1940

**Studium der Medizin – Psychoanalytische Ausbildung.
Nebenberuflich bildende Künstlerin und Autorin.
Wahlkölnerin, mehrere Indienreisen –
Mitglied Schriftstellerverband VS**

Video-Lesungen auf Youtube

**Vernetzt auf Facebook, Amazon,
www.brhalewitsch.de/Autorin**